弘道録

〔明〕邵經邦 著
〔清〕康熙四十年刊

江蘇大學出版社
JIANGSU UNIVERSITY PRESS
鎮江

4

弘道錄卷之二十一

明刑部員外郎仁和邵經邦弘齋學
皇清詹事府少詹事四世孫遠平補案

信

君臣之信

路史堯在位七十載民不作忒鵕鸃逃於絕域麒麟遊於藪澤則能信於人也

錄曰所以謂體信達順葢順者天之所助信者人之所助也堯之爲君以言天之所助則二儀效順羣生遂育氣無不和四靈畢至以言人之所助則聰明睿知足以有臨寬裕溫柔

足以有容蓋以天地爲本故物可舉以陰陽爲端故情可睹
以四時爲柄故勞可勸以日星爲紀故事可列而功有藝鬼
神以爲徒故事可守而行有考人情以爲田是以民不作忒
四靈以爲畜是以鶍鴞逖於野而麒麟在郊也此上古聖神
所以配天饗帝爲三才之主萬世人君所當取法也
中庸王天下有三重焉其寡過矣乎上焉者雖善無徵無徵不
信不信民弗從下焉者雖善不尊不尊不信不信民弗從故君
子之道本諸身徵諸庶民考諸三王而不謬建諸天地而不悖
質諸鬼神而無疑百世以俟聖人而不惑是故君子動而世爲
天下道行而世爲天下法言而世爲天下則遠之則有望近之

則不厭詩云在彼無惡在此無射庶幾夙夜以永終譽君子未有不如此而蚤有譽於天下者也

錄曰以三重言者舜修五禮五玉三帛二生一死贄如五器所謂議禮也協時月正日同律度量衡所謂制度也敷奏以言明試以功所謂考文也仲尼祖述堯舜而有德無位故以六事之言垂之萬世雖不能尊信於一時而實永譽於天下至今動而萬世爲道言而萬世爲法行而萬世爲則又何位之足云哉厥後若綿蕞之禮希濶之制新經之文其與六事不相干攝一時雖能愚人耳目鼓人心志實未能譽於天下故不旋踵併與俱亡然則六事之言果可信乎不可信乎苟

有制作之權則不得不任其責矣
按三重之道以本身爲主本諸身則凡禮樂制度文章悉皆躬行心得之餘施爲次第自然有條有理以之化民成俗絕無扞格難行推而至於三王之道其初各有所勝其弊究有所乘叅稽而訂正之勢輕勢重斟酌損益隨事制宜也天地之道其理根於不變其機妙於不窮裁成而輔相之先天後天創造更定與時偕行也鬼神之聰明變化不測彰癉微權須與鬼神合其吉凶不但龜筮協從爲賛幽也後聖之制作日用日新踵事增華雖閱百世若合符節不但復起不易吾言也可見乘時居位必本諸身以一

道德而同風俗其難如此洵非大舜曷足以當之

外記禹出見罪人下車問而泣之左右曰罪人不順道君王何爲痛之禹曰堯舜之民皆以堯舜之心爲心寡人爲君百姓各自以其心爲心是以泣之

錄曰夫堯舜之民皆以堯舜之心爲心者上下一於信也寡人爲君百姓各自以其心爲心者不信民弗從也雖朝覲訟獄謳歌不歸舜之子而歸禹較之黎民於變四方風動則有間矣此三代以後之主不可不推人置之心腹中也

按光武時梁統上言以元哀之世輕殊死刑故人多犯法吏易殺人吳漢遺疏止願無赦唐太宗亦引古語曰一歲

再赦善人喑啞古來英主名臣每多主持無赦之說不知天之大德曰生人所皆有不忍天生民而立之君必當體天仁愛是以帝堯之德首曰好生重華之咨重言欽恤刑措致美夫成周縱囚盛稱乎唐世使必以寬大爲失則下車泣罪何以至今傳誦弗替也夫人臣事君務當敦教化葳獄訟以廣皇心之仁而獨於肆赦一節往往不能曲成仁心反致遏抑何與孟氏擴充惻隱之心大有殊邪夫世之有刑罰也如天之有雷霆偶爾一用意主震驚愚頑使之省改自非必於殺人也即有時殺人而非必於有罪之盡殄所以成其爲天況君人者含弘光大政在養民故刑

設而不舉如氣烝動如風解凍務砥於平豈得以子產之火烈孔明之令嚴爲王道中正之在是而故持無赦之說且漫曰刑期無刑殺以止殺哉

孟子湯一征自葛載天下信之曰奚爲後我民望之若大旱之望雲霓也歸市者不止耕者不變誅其君而弔其民若時雨降民大悅

錄曰夫湯之於禹又有間矣其曰天與人歸要其終而言也苟征伐之始無能取信於民將何自解於天下後世乎書稱克寬克仁彰信兆民孟子之言本此其視戰國之君行不義殺不辜無以見信於天下而徒棘一時之欲者可同日語哉

書太甲惟尹躬先見于西邑夏自周有終相亦惟終其後嗣王
罔克有終相亦罔終嗣王戒哉
錄曰孟子曰有伊尹之志則可釋者曰伊尹之志公天下以
爲心而無一毫之私者也夫爲相而竊主之權以壅蔽其君
者豈特秦之斯高爲然哉羿與浞之事可鑒矣是時太甲以
尹任天下之重自謂縱欲未必遽亾伊尹乃以相亦罔終之
言戒之所以深折其私而破其所恃設使莽操炎懿之徒處
此將何如邪乃知聖賢之心眞能建天地質鬼神百世以俟
聖人洞然昭著而無疑也豈不爲可信哉
按管子曰黃帝得六相而天下治相之名始此成湯以伊

尹爲右相仲虺爲左相成王時以周召爲師保相王爲左右至秦悼武始置丞相官漢初因之亦曰相國亦曰宰相後以司徒司空太尉爲三公行相事下此有尚書令尚書僕射隋時有中書令自唐以來悉仍其舊而同三品平章事乃創見者也宋乾德中宰相始分領三館大學士則至今相沿殿閣之名也夫內外大小臣工各有專責而相獨以輔助爲義苟非阿衡之佐亦烏能保其有終哉

說命王宅憂亮陰三祀既免喪其惟弗言羣臣咸諫于王王庸作書以誥曰以台正于四方台恐德弗類兹故弗言恭默思道夢帝賚予良弼其代予言乃審厥象俾以形旁求于天下說築

傅巖之野惟肖爰立作相

錄曰高宗何以有是夢乎至誠之心與天合一而其精神之所感念慮之所孚有莫知其所以然者抑何以有是象乎實理之著無乎不形而其朕兆之所發克肖之所由亦有莫知其所以然者其道在於無思無爲寂然不動苟有一毫之機示於外片言之入動於中則人得以窺其衅而投之矣秦孝公志在變法更令而商鞅得以售其術宋神宗志在稽古有爲而王安石得以濟其私二君之任相自以爲賢於夢卜而不知投之者神矣然後知恭默思道之心眞與天地參而鬼神通不然若鄧通之於文帝王梁之於光武而能取信於後

世者幾希矣
按論者多謂高宗遯荒野時蚤知傅說之賢及即位欲舉爲相猶慮舊臣不服故假託夢寐以神其說何見之淺也葢當恭默思道時其心純一不雜自然上與天通夢寐之中恍如晤對授之良弼精神感召與文王夢飛熊而得尙父其理正同乃人信莊叟臧丈人之寓言謂文王亦托諸夢者以証高宗此後世田單假夢愚人之術曾古聖賢君若是乎至書稱說築傅巖之野孟子言舉於版築之間古人謂居爲築猶今言卜築而版築則土垣言其僻處短垣圭竇中耳且貧士家居束版自築何必定爲人傭即受人

傭何必定是刑犯而曰傅說胥靡賈誼司馬遷皆言之俾賢者無端受罪曷不細觀尚書及孟子本文也考傅巖在今平陸縣墨子尸子並謂北海之洲者非是

金縢秋大熟未穫天大雷電以風禾盡偃大木斯拔邦人大恐王與大夫盡弁以啟金縢之書乃得周公所自以為功代武王之說二公及王乃問諸史與百執事對曰信噫公命我勿敢言王執書以泣曰其勿穆卜昔公勤勞王家惟予冲人弗及知今天動威以彰周公之德惟朕小子其親逆我國家禮亦宜之王出郊天乃雨反風禾則盡起二公命邦人凡大木所偃盡起而築之歲則大熟

錄曰張子有言志與氣天與人有交勝之理聖人在上而流言起氣一之動志也天心感應而雷風作志一之動氣也可見三代盛時君臣胥契其孚心實意通乎上下譬則陰陽動靜互爲其根未達者一間耳後世天地不交上下睽離若漢靈帝因黃巾之亂而赦黨人宋徽宗以彗星之變而釋碑禁無亦後矣所謂蹶趨而動其心者又何惑乎視天夢夢哉

按周公之聖而忽遭流言之謗告之二公而避位居東乎昔同心如二公者弗代雪也同德如成王者弗固留也人心之難白若此迨至天怒於上啟籐見書王始泣而迎之是公之心天白之天信之也從古賢人君子受人誣謗者

豈少哉葢不必搔首問天而天之動威彰德自有昭然不爽者語云天有記性無急性其信然邪

春秋魯隱公元年春三月公及邾儀父盟于蔑

錄曰孔子曰自古皆有死民無信不立夫寧死而不失信於民則人何待要質於我民寧死而不失信於我則我何待要質於人哉古之爲邦者如此世衰道降於是要質會盟之事紛然雜出夫子作春秋以信爲人君之大寶故首書盟蔑將謂後之君臣執此之固堅如金石守此之確貞如四時於以嚴彼此之心齊上下之志全始終之道杜反覆之端其垂世立教之意至深且切然則魯之隱公果能篤於信乎夫利害

動於中則公私判於外僞心存於始則背意見於終隱方假讓以爲義故飾詐以爲信觀其首爲蔑之盟而後即有伐邾之舉則其情可見矣

按曲禮涖牲曰盟諸侯相見于郤地曰會周禮玉府職共盟會之物戎右職掌辟盟之役至秋官特置司盟掌盟載之法古者王敦盛血珠槃盛耳盟會大典本盛世所重但周制天子十二載一巡狩則盟諸侯于方岳之下諸侯有事朝王或會或同則又彼此相盟以著講信修睦之義及春秋時巡狩會同之典久廢不行而徒私相要約蓋要則有強勉約則有毀敗特盟參盟始同終異信於何有故非

春秋所貴不盡以刑牲歃血要質鬼神爲非禮也

左傳鄭武公莊公爲平王卿士王貳于虢鄭伯怨王王曰無之故周鄭交質王子狐爲質于鄭鄭公子忽爲質于周王崩周人將畀虢公政四月鄭祭足帥師取溫之麥秋又取成周之禾周鄭交惡君子曰信不由中質無益也明恕而行要之以禮雖無有質誰能間之苟有明信澗谿沼沚之毛蘋蘩薀藻之菜筐筥錡釜之器潢汙行潦之水可薦於鬼神可羞於王公而況君子結二國之信行之以禮又焉用質風有采蘩采蘋雅有行葦泂酌昭忠信也

錄曰夫采蘩采蘋行葦泂酌皆周詩也及其末也子不信其

父而小弁作婦不信其夫而白華與彼幽王宜臼者肌體骨肉之親也而彼廢此弑安在其王子狐鄭子忽哉此所以紛紛交質而又反覆交惡左氏之言亦以歎傾否之異也

按春秋之世有君與大夫盟者有君與國人盟者不足深恠而君臣交質周自甘等於列國且質子之事始自天王不信之由咎在王室及桓王取鄔劉蔿邘之田于鄭祝聃射王中肩東周日失其序寤生實爲戎首其兆始諸此乎

孟子五霸桓公爲盛葵丘之會諸侯束牲載書而不歃血初命曰誅不孝無易樹子無以妾爲妻再命曰尊賢育才以彰有德三命曰敬老慈幼無忘賓旅四命曰士無世官官事無攝取士

必得無專殺大夫五命曰無曲防無遏糴無有封而不告曰凡我同盟之人既盟之後言歸於好

錄曰以後命勞齊桓者宰孔也以先歸遇晉侯者亦宰孔也始也畏天子之威終也明天子之禁何乃以爲可無會也孔爲王朝宰臣雖不如仲之得政亦嘗究桓之用心矣蓋實怒蔡姬而乃南責楚貫伐山戎而乃北圖燕茲會也雖足以厭一時之耳目快一己之心志而不知孔之視之如見其肺肝也是以古之聖人惟務修德愼獨雖三分有二尙以服事殷嗚呼周之至德尙何有於人之後言也邪

按葵丘之會春秋重複美之而宰孔以爲不務德而勤遠

畧蓋謂其國本方搖也禮諸侯無二嫡桓之夫人三已非矣又六如焉是先于天子之首禁矣當是時桓已耋老東儲未建西日將傾內寵外嬖其禍正與晉獻相似孛孔逆知二國之亂皆在蕭牆故以靖亂勉之厥後五子爭立若史所云尸蟲出於戶者其亦自貽伊戚哉

公羊傳莊十三年冬公會齊侯盟于柯何以不日易也其易柰何桓之盟不日其會不致信之也其不日何以始乎此莊公將會乎桓曹子進曰君之意何如公曰寡人之生則不若死矣曹子曰然則君請當其君臣請當其臣公曰諾於是會乎桓莊公升壇曹子手劍從之管子進曰君何求乎曹子曰城壞壓境君

不圖與管子曰然則君將何求曹子曰願請汶陽之田管子顧曰君許諾桓公曰諾曹子請盟桓公下與之盟已盟曹子摽劍而去之要盟可犯而桓公不欺曹子可讐而桓公之信著乎天下自柯之盟始

錄曰此魯臣之微者霸主屈身殉之信與曰非也管仲曰知與之爲取政之寳也夫自長勺之戰曹劌鄙肉食之謀齊幾不振及夫北杏之會桓公及四國之微魯未可平管子之見未之伸也夫魯宗國也齊弒其君泆其夫人柯之會莊公以爲生不如死假魯以是討齊雖覥顏諸侯之上將何以服天下之心哉甚矣曹子之鄙也手劍者匹夫之勇汶陽者蹴爾

之食也舉國由其術中君臣莫知大計捐區區之小利竊赫赫之顯名豈非管子之志高出曹沫上乎

按乾時之戰公喪戎輅傳乘而歸魯已不振未幾而有長勺之役若更敗焉危在宗社縱有肉食其能甘之乎乃劌以詐取勝於前沫以信要質於後得一一曹之功魯自是庶其有立乎雖然沫以一夫之勇而鼓三敗之氣奮然於一劫桓顧從容就位以成其名俾著大信於天下諸侯始從而宗之則沫之功其在復魯讐者小而成齊霸者大然而荆軻聶政之風從此實開之矣

左傳晉侯圍原命三日之糧原不降命去之諜出日原將降矣

軍吏曰請待之公曰信國之寶也民所庇也得原失信何以庇之所以滋多退一舍而原降

錄曰文公之功固大亦臣職所當爲安得强取天子之四邑哉時周之地不大於曹滕民不多於邾莒有人心者不若是愬何忍更分其所有哉原無背叛之罪其守者爲王守也廼之叛王從巳顧區區假小信以愚民哉使爲文公者正王畿之制反諸侯之侵如是伐而示之信貫日月矣不原人情而恣霸術所謂巧於用譎非明於約信者也

王子虎盟諸侯于王庭要言曰皆奬王室無相害也有渝此盟明神殛之俾隊其師無克祚國及其元孫無有老幼君子謂是

盟也信謂晉於是役也能以德攻
錄曰葵丘之會束牲載書而不歃血者桓之威信服人不待其歃之畢也踐土之盟鄭衛交訟而不已者文之貪得無厭不顧其王之削也然則口血未乾之時人各以其心爲心矣安在其同獎王室乎又安在其施及子孫乎合而觀之可以見一霸不如一霸矣
趙孟患楚衷甲以告叔向叔向曰何害也匹夫一爲不信猶不可若合諸侯之卿以爲不信必不捷矣食言者不病非子之患也夫以信召人而以僭濟之必莫之與也安能害我及虢之會祁午謂趙文子曰宋之盟楚人得志於晉今令尹之不信諸侯

所聞也子弗戒懼又如宋子木之信稱於諸侯猶詐晉而駕焉況不信之尤者乎文子曰武受賜矣然宋之盟子木有禍人之心武有仁人之心是楚所以駕於晉也今武猶是心也楚又行僭非所害也我將信以爲本循而行之譬如農夫是穮是蔉雖有饑饉必有豐年且吾聞之能信不爲人下吾未能也詩曰不僭不賊鮮不爲則信也

錄曰東萊呂氏稱趙文子談笑而當衷甲之變豈眞知文子哉不知信以爲之主夫是而莫之懼也孟子曰我知言我善養吾浩然之氣子木之好利求逞死亾將至不寧同列知之武亦知之熟矣故曰單斃其死又曰食言者不病武雖退然

如不勝衣吶然如不出口然而弭兵息民與楚氛甚惡何遠

也得志棄信與犯而不較何先也武之內志定而建之志未

定晉之信可憑而楚之駕難憑曾是而能動其心哉惜乎猶

有未純又欲因宋以守病而致死以踣楚所以雖獲一時之

令名而乏千古之道義同歸於餧終不免血氣之勇耳

按信者與世之大寶能信則匹士之一語重於千乘之盟

布衣之然諾高於千金之賞夫以楚氛之惡終不能逞志

於晉者無信故也雖然齊晉所以迭霸以其皆能拒楚今

晉與楚齊盟先失其爲霸之實何以能久良由文子老將

至而氣衰意在苟安弭兵是以甘受衷甲之辱迨兵少弭

而志益怠楚臧陳蔡力不能救從此南楚竟霸吳繼之越又繼之以至於秦遂并列國向戎媢楚之謀正春秋戰國升降之會也晉荀有文襄之君肯容辱盟之趙武哉

晉荀吳帥師圍鼓鼓人或請以城叛穆子弗許左右曰師徒不勤而可以獲城何故不爲穆子曰吾聞諸叔向曰好惡不愆民知所適事無不濟或以吾城叛吾所甚惡也人以城來吾獨何好焉賞所甚惡若所好何若其弗賞是失信也何以庇民力能則進否則退量力而行吾不可以欲城而邇姦所喪滋多使鼓人殺叛人而繕守備圍鼓三月鼓人或請降使其民見曰猶有食色姑修而城軍吏曰獲城而弗取勤民而頓兵何以事君穆

子曰吾以事君也獲一邑而教民怠將焉用邑邑以賈怠不如完舊率義不爽城可獲而民知義所有死命而無二心不亦可乎鼓人告食竭力盡克鼓而反不戮一人

錄曰春秋無義戰圍鼓之役其義戰與義人者人恆義之信人者人恒信之僞會齊師信於何有假道鮮虞義亦何居滅肥甚矣其可再乎君子所不取也

按湯武仁義桓文節制穆子此舉既非仁義之師何必慮援此意蓋不受叛人可也請降而不受則過也鼓人何辜必欲絕其樵採禁其往來待彼食竭力盡而後克邪夫師出以義苟義不可取則救邪救衞雖困猶將拯之何用攻

圖義所當取不妨除殘去暴俾民早得安堵倘執此法而欲橫行天下倉有餘儲民有餘力經年不過下數城既下之後必皆空虛無用之地菜色疲憊之人得之復將何濟樂毅一朝下七十二城而緩攻莒即墨論者猶致憾於假借仁義適自取敗若穆子之克鼓所謂幸而成功也

史記孫武子以兵法見於吳王王曰子之十三篇吾盡觀之矣可勒兵小試乎於是出宮中美女得百八十人孫子分爲二隊以寵姬二人各爲隊長令持戟曰汝知而心與左右手背乎婦人曰知之孫子曰前則視心左視左手右視右手後即視背婦人曰諾約束既布乃設鈇鉞於是鼓之右婦人大笑孫子曰約

束不明申令不熟將之罪也復三令五申而鼓之左婦人復大笑孫子曰既已明而不如法吏士之罪也乃欲斬左右隊長吳王大駭趣使使下令曰知將軍能用兵矣寡人非此二姬食不甘味願勿斬也孫子曰臣既已受命爲將將在軍君命有所不受遂斬隊長二人以徇用其次爲隊長復鼓之婦人左右前後跪起皆中規矩無敢出聲孫子使使報王曰兵皆整齊唯王所欲用之雖赴水火猶可於是闔廬知孫子能用兵卒以爲將西破强楚北威齊晉顯名諸侯

錄曰武之此舉愈於商君吳起多矣蓋令可行民不可刼姬可斬妻不可殺也武子十三篇其制勝之妙存乎一心若趙

括之徒讀父書房琯之倣古車戰而不能神明其用祇成輿尸之辱爾至吳王能割肌膚之愛以成强霸之功不可謂非一時英主也

漢書楚懷王與諸將約先入定關中者王之當是時秦兵强常乘勝逐北諸將莫利先入獨項羽怨秦殺項梁奮身願與沛公西入關懷王諸老將皆曰項羽爲人慓悍嘗攻襄城襄城無遺類諸所過無不殘滅不如更遣長者扶義而西告諭秦父兄秦父兄苦其主久矣今誠得長者往無侵暴宜可下羽不可遣獨沛公素寬大長者可遣懷王乃不許羽而遣沛公西畧地

錄曰楚懷王豈比於漢更始乎懷王優沛公而否項羽觀其

遺將之言庶幾南面之度然而卒陷强暴之辱所謂過涉滅頂不可咎者也更始忌劉稷而并執縯觀其愧怍之態真乃庸劣之流然而自取賊劉之辜所謂何校滅耳聰不明者也夫是而有異也

按羽以名家子爲將軍其勇畧氣岸逈出儕輩宜爲諸將所折服沛公位不加尊功無奇赫徒以寬厚長者繫屬衆望遂反駕出羽上諸將數言無多而長者二字三見悉皆本仁率義不愧老成之名春秋以來久不聞此等言論懐王部下何其多賢將也獨慽季能長者於前而不長者於後信越諸人當危急時封王裂土捐關以東畀之恐後及

天下已定即斬艾之族誅之得魚忘筌得兎忘蹄其常也矜魚兎之獲而反欲早離筌蹄一日以爲快豈人情哉誠使沛公而長者孰不爲長者

沛公旣定關中乃悉召諸縣父老豪傑謂曰父老苦秦苛法久矣誹謗者族偶語者棄市吾當王關中與父老約法三章耳殺人者死傷人及盜抵罪餘悉除去秦法諸吏民皆安堵如故凡吾所以來爲吾父老除害非有所侵暴無恐且吾所以還軍霸上待諸侯至而定約束耳乃使人與秦吏行縣鄉邑告諭之秦民大喜爭持牛酒獻軍士沛公讓不受曰食粟多非乏不欲費民民益喜唯恐沛公不爲秦王

◎

錄曰西漢二百年之業所以卒定於關中者約法之肇也孟子曰地利不如人和賈生之論亦曰仁義不施而攻守之勢異今觀漢廷之論紛紜不一婁敬田肯之徒不足深究至如張良之智宜乎有見顧亦蹈秦舂之緒餘而不切根本之實意殊不知三章之約賢於百二之形安堵之情捷於建瓴之勢然則金城之固寧比父老之心沃野之饒孰愈壺漿之蔣羽雖能違一時之約獨能拔百世之鼎乎

按不爲侵暴所以傳檄而定三秦不欲費民所以轉漕關中餽餉不乏其初止期民之安全若無意於上之富厚者乃民心所附歸向如流土以之廣士以之飽以至混一六

宇傳業子孫此其所得較之汲汲一時富厚而橫征多歛以失民心者相去不亦多乎蓋上以是施下方以是報其事若相反而實相成若曰小民至愚受惠而不知感豈確論哉至秦法偶語詩書者棄市而史文偶語棄市是係脫爲若漢武之世腹誹者誅法更苛矣

文帝初封代王諸呂旣誅大臣相與迎立代王羣臣張武等皆曰漢大臣故高帝時將帥習兵多謀實不可信願稱疾無往以觀其變中尉宋昌曰不然秦失其政豪傑並起人人自謂得之然卒踐天子位者劉氏也以呂太后之嚴擅權專制然而太尉以一節入北軍一呼士皆左袒爲劉氏此乃天授非人力也大

王賢聖仁孝聞於天下故大臣因天下之心而迎立大王大王勿疑也代王至長安太尉勃請間宋昌曰所言公公言之所言私王者無私太尉乃跪上天子璽符夜拜宋昌爲衛將軍領南北軍以張武爲郎中令行殿中

錄曰文帝二十三年之天下决信於宋昌之片言張武等間不逮遠矣其御太尉之請辭氣確然益足見其存心之光大孰意區區代邸而有斯人哉帝之侯昌良有以也而張武等官不過九列又足以表王者之無私矣豈其獨惜朱虛之寸土不以全大臣之信而安與居之心乎然則公言終有負而請間者不可以責之也

文帝賜南越王佗書曰朕高皇帝側室之子也棄外奉北藩于代道里遼遠壅蔽樸愚未嘗致書高帝棄羣臣孝惠帝即世高后自臨事不幸有疾諸呂爲變賴功臣之力誅之已畢朕以王侯吏不釋之故不得不立今即位乃者聞王遺將軍隆慮侯書求親昆弟請罷長沙兩將軍朕以王書罷將軍博陽侯親昆弟在眞定者已遣人存問修治先人冢前日聞王發兵於邊爲寇災不止當其時長沙苦之南郡尤甚雖王之國庸獨利乎必多殺士卒傷良將吏寡人之妻孤人之子獨人父母得一亡十朕不忍爲也朕欲定地犬牙相入者以問吏吏曰高帝所以介長沙土也朕不得擅變焉今得王之地不足以爲大得王之財不

足以爲富服領以南王自治之雖然王之號爲帝兩帝並立亾一乘之使以通其道是爭也爭而不讓仁者不爲願與王分棄前惡終今以來通使如故陸賈至南越南越王謝罪願奉明詔長爲藩臣奉貢職

錄曰孔子曰言忠信行篤敬雖蠻貊之邦行矣夫南越尉佗逋誅之一夫耳雖微堂堂萬乘亦孰不諱側室之言乎藉使不譁孰不矜誇山河之壯兵甲之强乎而帝之出言一本於誠心非有纖毫勉强曰可以貫金石而格豚魚其頓首奉詔稱臣納貢亦豈由勉强哉帝雖無參前倚衡之功而實有明效大驗之著可見聖人立言於天地間若化工之顯於物無

侯耳耳而提面面而命之也

按漢文生於側室猶虞舜揚於側陋側陋不足爲舜卑側室何必爲文諱也孟子謂孽子故達自來庶出之賢甚多觀陶侃周顗可見妻妾尊卑始嫁已分如天冠地履不可移易非若公孤卿士可以遷擢代典趙衰妻文之愛女叔隗卒爲內子竇玄尚漢家公主舊妻卒不爲屈況其下者乎至於其子無論自出貴賤嫡長曰伯庶長曰孟總無異視蓋母貴而子爲賤行母賢而子或不肖乃爲可羞若母賤子賢正屬幹蠱難得之事不必引此爲諱趙母恤翟婢所生竟舍伯魯而嗣趙晉裴秀母賤而秀十餘歲即爲名

士劉宋崔道固母自致酒炙於客前坐客驚拜心知爲道固諸兄所使皆賤其兄而賢其母子然則人祇論賢愚可也側室所出又何嫌乎

上嘗行出中渭橋有一人從橋走乘輿馬驚使騎捕之時張釋之爲廷尉奏以此人犯蹕當罰金上怒曰此人親驚吾馬馬賴和柔令他馬固不傷敗我乎而廷尉乃當之罰金釋之曰法者天下公共也今法如是更重之是法不信於民也其後有人盜高廟座前玉環得亦下廷尉治釋之奏當棄市上益怒曰此人無道盜先帝器吾欲致之族而君以法奏之非吾所以共承宗廟意也釋之免冠謝曰法如是足也今盜宗廟器而族之假令

愚民取長陵一抔土且何以加其法乎上乃許之

錄曰人知釋之守法而不知帝之能用法也夫天下不患法之不公而惟人主不能用法之過漢自三章約後至文帝除肉刑除收孥相坐除誹謗妖言其心於愛民之本者矣犯蹕盜環一時之怒私也罰金棄市三尺之法公也惟不欲以私害公故不終以情撓法帝可謂天地日月矣過此若張杜郅甯之流專伺上之意指爲獄則當時之爲上者從可知矣嗚呼長陵抔土臣子所不忍言也人匪不能言其如畏忌何哉故知釋之守法而不知帝能用法非知法者也

兒寛武帝時爲中大夫遷左內史旣治民事乃勸農桑緩刑罰

理獄訟卑體下士務在得人心擇用仁厚士推情與下不求名聲吏民大信愛之至收租稅時裁潤狹與民相假貸以故租多不入後有軍發竟以負租課殿當免民聞惟恐失之大家牛車小家負擔輸租不絕課更以最積官至御史大夫

錄曰寬本儒生其治民謂之儒則可謂之法則未也何也當今課吏之法先以假貸爲防一書殿最輙不可易兒當軍興從事乎漢之罔疏禁闊賢於季世遠矣然非其心之仁厚守之介特安能獲上宜民若是邪不然狙獪之尤狡猾之輩何處無之而能大家牛車小家擔負果孰使之哉乃知信愛孚於刑辟儒生優於俗吏而漢之民俗猶爲近古云

按中天之化不識不知三代之治熙熙皡皡信愛之意且泯何况聲名寬承郅都甯成義縱上以爲能之後故不求聲名而信愛以著倘有求名之念信愛何自而生邪厥後廣漢輩仍以發摘有名而東漢郡邑良吏歌謠迭興頌聲借作要在有可信愛之實沿至漢末吏道雜而多端苟得有務求名聲者以慰此日來蘇之望其亦斯世之大幸矣

宣帝時張安世杜延年並列九卿二人忠信自著謹慎周密外內無間每定大政已輒移病出自朝廷大臣莫知其與議也嘗有所薦其人來謝即大恨以爲舉賢達能豈有私謝邪有郎功高不調自言安世應曰君之功高明主所知人臣執事何長短

而自言乎幕府長史遷辭去之官問以過失長史曰將軍爲明
主股肱而士無所進論者以爲譏安世曰明主在上賢不肖較
然臣下自修而已何知士而薦之其欲匿名迹遠權勢如此故
天子甚尊憚大將軍然內親安世心密於光焉延年亦安和備
於諸事久典朝政上信任之出卽奉駕入給事中是時海內不
大將軍薨後獨能保固終始天下稱之

錄曰自夫子犂牛騂角之喻往往論人者不當繫於世類大
賢且然矧安世延年乎而論者必曰天道好還蓋淺之也天
豈屑屑於其間哉已爲不善則天下後世曰不善之人也已
爲善則天下後世皆曰善人也豈不益可信哉不覩已然而

逆其未然吾未見其能觀人也若二臣之忠信謹厚正吾夫子所謂雖欲勿用山川其舍諸者然則聖人之論大旨高此又可見矣

按薦賢爲國固大臣之忠而權寵不居亦保身之哲安世之佷謝者遠勢避跡若與師師相引之風有殊由後世君臣不相信不得不慮難而預防也然竟以此而獲親信於上非帝之能信安世乃安世有以致帝之信耳夫昔之攬權意在市恩後之攬權專於趨利甚且工偵伺以先知貪天功爲巳力一何與安世之居心大相懸邪門如市者身必危肥其家者嗣必覆忽永終之圖恣目前之快由恩之

不審爾霍光素號小心謹慎乃秉政之際上有長君且積
漸後肆氣體移人已不自覺若安世者不但人不知儆卽
明知其善而必不出此且亦無暇計及此也

韓延壽爲潁川太守郡多豪彊難治先是趙廣漢患其俗多朋黨故構會吏民令相告訐延壽欲更之恐百姓不從乃歷召郡中長老爲鄉里所信向者設酒食親與相對問以謠俗因與議定嫁娶喪祭儀品畧依古禮不得過法及收租賦先明布告其日以期會爲大事其始若煩後皆便之接待下吏恩施厚而約誓明或有欺負之者輒自刻責百姓遵信其教數年大治後入爲左馮翊行縣至高陵民有昆弟訟田延壽大傷之曰幸得備

位表率不能宣明教化至令民有骨肉爭訟既傷風化咎在馮翊因臥傳舍閉閤思過令丞嗇夫皆自繫待罪於是訟者轉相質讓皆自髠肉袒謝願以田相移終死不敢復爭延壽喜乃起聽事於是恩信周徧二十四縣莫復以辭訟自言者

錄曰愚觀延壽似有意於移風易俗使吏民同心而向善者然而卒不能善其終何邪先儒有言凡三代以下人物皆血氣用事不若三代以上純任德性嗚呼斯言也不但延壽爲然趙蓋與楊莫不然也漢廷至此元氣已索然矣而卒蹈好信不好學之戒未免傷害於物故有望之之訐不知正吾夫子之所惡也嗚呼惜哉

趙充國時先零諸羌叛宣帝使丙吉問誰可將者充國自言無踰老臣復問將軍度羌何如對曰兵難隃度願至金城圖上方畧乃大發兵詣金城常以遠斥堠爲務行必爲戰備止必堅營壁尤能持重愛士卒先計而後戰欲以威信招降罕开及刼畧者伺其謀解散徼其疲劇乃擊之酒泉太守辛武賢奏以七月出兵擊罕开充國謂先零首爲畔逆首誅先零則罕开之屬不煩兵而服璽書報從充國計罕开竟下

錄曰愚觀古人立功悉由在上信任之專在巳自信之篤往往以先計服人不肯輕試者爲是故也夫有宣帝之明丙魏之忠而尙爭於他議今觀將軍度羌何如彼一時也武賢奏

七月出兵此一時也使無確見定於中詔進則進詔止則止所謂弟子輿尸者也爲君相者不信爲將之方畧而以人言參之有利不知有益不恤所謂師或輿尸者也上下不信其能成功者鮮矣後世所當深戒也

初宛人李通事劉歆好星曆讖記云劉氏復興李氏爲輔私常懷之及班彪避難天水隗囂問曰往者周亡戰國並爭天下分裂數世後定意者從橫之事復起於今乎將承運迭興在一人也對曰周之廢興與漢異昔周爵五等諸侯從政本根既微枝葉強大故其末流有從橫之事勢數然也漢承秦制改立郡縣主有專己之威臣無百年之柄至於成帝傳及哀平國嗣三絕

故王氏擅朝因竊號位危自上起傷不及下是以即眞之後天下莫不引領而嘆十餘年間中外騷擾遠近俱發假號雲合咸稱劉氏不謀同辭方今雄桀帶州域者皆無七國世業之資而百姓謳吟思仰漢德已可知矣囂曰生言周漢之勢可也至但見愚人習識劉氏姓號之故而謂漢復興疎矣昔秦失其鹿劉季逐而羈之時人復知漢乎彪乃著王命論以爲漢德承堯有靈命之符王者興祚非詐力所致欲以感之及諸將勸帝即位同舍生彊華自關中奉赤伏符曰劉秀發兵捕不道四夷雲集龍鬭野四七之際火爲主羣臣因復奏曰受命之符人應爲大萬里合信不議同情周之白魚曷足比焉宜答天神以塞羣望

光武於是命有司設壇場即帝位

錄曰讖記之說先儒疑之是矣若歆之迎合好名適之附會好事非堂皇之議敦篤之辭也盍觀彪之著論乎闡道談命察理識時其言鑿然可信東漢受命於此焉決當不必彊華之言建武爲有光矣惜乎諸將之不能也雖然今進有尤來大搶赤眉五校等未服退有隗囂公孫述竇融之徒未附苟非依附天命何以效順人心帝之崇信將以濟一時之權爾及天下既定則當如武王之敬受丹書箕子之敷陳洪範孰不曰萬世帝王大計乎乃亦徇區區已往之說至以決定武功剖斷祀典則惑矣此所以來鄭興之譏也

按秦不建諸侯宋不封子弟而一則宗社覊於匹夫一則父子縶於五國葢天下如一身四肢百骸毛髮爪甲皆所以擁護此身者也王者建侯星羅碁布猶展四體故能保世長久逮後人心日漓久之而列侯强七國反不得不爲强榦弱枝之說究之帝王大義首重親親倘慮患發於所近怨禍生於所疎而悉以有庳待諸骨肉是自劊其指臂勢必解肩裂項而莫之救豈馭世之遠圖哉至若讖緯小數起自漢儒然當羣雄並逐之時而以一布衣得逞其說遂致咎天神塞衆望總在未起兵以前即有劉秀爲天子一語先入之耳是故即位之後凡舉大事俱以讖緯決之

甚矣始進之當以正也

郭伋少有志行世祖初爲漁陽太守時旣罹王莽之亂重以彭寵之敗民多猾惡寇賊充斥伋到示以信賞糾戮渠帥盜賊消散在職五歲戶口增倍後調并州牧伋前在并素結恩德及入界所到縣邑老幼相攜逢迎道路始至行部到河西美稷有童兒數百各騎竹馬於道路迎拜伋問兒曹何自遠來對曰聞使君到喜故來迎伋辭謝之及事訖諸兒復送至郭外問使君何日當還伋計日以告行部旣還先期一日伋爲違信於諸兒遂止野亭須期乃入

錄曰郭細侯諸兒之約何如魏文侯虞人之期乎夫虞人之

期遊畋之樂耳雨不雨往不往不足論也天下初平盜名竊據者不可勝計仗吾之恩信有以懷徠之有如言出而隨食焉事異而輒更焉小事且然况於大事何以示信於人哉易曰無妄往吉其諸細侯所以得志也乎

三國志曹操南擊劉表表卒子琮嗣遂舉州降操時劉備屯樊城或勸攻琮荆州可得備曰劉荆州托我以孤遺背信自濟吾所不為去過襄陽州人多歸比到當陽衆十餘萬至不得行日纔十餘里或謂宜速行保江陵備曰夫濟大事必以人為本今人歸吾何忍棄去操知江陵有軍實恐備據之乃將精兵一日夜行三百餘里追及當陽之長坂備棄妻子走及法正為劉璋

軍議校尉與别駕張松忖璋不足有爲陰說備取益州備疑未決龐統曰益州土沃財富可資大業備曰今指與吾爲水火者曹操也操以急吾以寛操以暴吾以仁操以譎吾以忠每與操反事乃可成今以小利而失信於天下奈何統曰逆取順守古人所貴若事定之後封以大國何負於信失今不取終爲人利備始以爲然留亮守荆州而自將步卒入益州

錄曰昭烈之取荆益先儒論之多矣果何所折衷乎孔子曰君子貞而不諒孟子曰嫂溺援之以手者權也釋者曰貞正而固也諒小信也嫂溺大故也手援小嫌也以正律小可以知義以小較大可以知權自兩漢之興不階尺土然未有若

昭烈之困者也羣雄並爭盜據攘竊亦未有若昭烈之時者也何也蓋立國必有分土若沛公已爲漢王劉秀已爲蕭王此分土也旣而得隴尙猶望蜀備何如哉今年奔徐州明年敗下邳無尺寸之益圖王者顧如是乎至於表之據荆焉之據益非分土也不過乘時攘竊之耳矧又皆不祿然豈終爲么孽之資奸雄之藉乎若乃臨亡之托乃區區小信非識時務俊傑之言也故孔明一則曰天以資將軍將軍豈有意乎又曰益州險塞天府之國如是而尙未踰徙以授受之小嫌忘天下之大計借使聲其違父棄命不孝之罪莫此爲大當時何得而辭後世何得而議必不懷劉璋賚給之恩而養虎

遺患扼吭拊背之說俱可免矣一時失於見幾後終不能不取故朱子曰經權俱失此之謂也

按逆取順守雖非定論然相機乘勢兵不厭詐在昭烈當日事勢非不肯用詐實不敢爲詐耳昔人論高帝摧暴秦滅强項光武昆陽之戰以少擊衆遁危爲安取天下於新莽後更始攻亂再取天下於羣盜二帝開創何其英雄而先主屢見蹶躓懦弱不振未由光復漢業即在鼎分中尤屬褊僻亦因與爲敵手不能相下之故試觀項羽更始不能用才無君人之度是以旣成而僨高帝特豪傑如張韓輩俱甘心爲臣光武兄縯殁後獨劉恭稍有識量而無大

志總無有可與二帝匹者當先主時曹孫虎視止可假仁
義以羈縻人心而已何他勝法哉
晉書羊祜鎮襄陽甚得江漢心與吳人開布大信其降者後欲去皆聽之在軍嘗輕裘緩帶鈴閣之下侍衛不過十數人專務以德懷吳每交兵刻日方戰將帥有欲進譎計者輒飲以醇酒使不得言軍或出行吳境刈穀爲糧計所侵送絹償之每會衆江沔遊獵若禽獸先爲吳人所傷而晉兵得者皆送還之於是邊人悅服與吳鎮軍大將軍陸抗對境使命常通抗遺祜酒祜飲之不疑抗疾求藥於祜祜以成藥與之抗即服人多諫抗抗曰豈有酖人羊叔子哉每告其邊戍曰彼專爲德我專爲暴是

不戰而自服也各保分界而已無求細利
錄曰召伯之布政甘棠與羊祜之墮淚峴山同乎異乎盍微
君子必不能幽以燭之也夫晉自滅蜀之後未嘗一日忘吳
張悌所謂彼之得志我之憂也而可聽其所愚邪遠則陳氏
之厚施近則呂蒙之示信可爲殷鑒矣爲吳計者自宜藉薪
茹檗寢甲枕戈以保祖宗之基業尚猶不暇乃曰彼專爲德
我專爲暴則是由於其術中而不自知也嗚呼暴不可也德
豈誠哉醇酒之醉未醒伐吳之討屢上其曰吳人更立賢主
則難圖也吁是果德邪信邪不過謀臣之畧以亂敵之所爲
而已雖然視彼徙木立信所過無不殘滅者固自有間向非

祜則頊之功不立祜其人傑也哉

按是時晉主雖無遠圖尙能專任賢臣以伺敵閒而吳惟事修暴抗屬世臣言不見聽身不可去惟有靖安邊封苟全一時無事而已祜謀伐吳不曰蚤出民於湯火而慮其滋蔓難圖蓋亦量晉武之德不爲伐暴救民而但營心遠大以爲一統之基故雖形之章奏亦不加文飾爾至於兩軍對壘而使命常通餽遺相繼猶足見古之遺風也唐宋而下非惟無此雅度亦何以取信於君上哉

唐書太宗親錄繫囚見應死者閔之縱使歸家期以來秋至仍敕天下死囚皆縱還至期來詣京師次年九月去歲所縱凡三

百九十人如期自詣朝堂無一人亡匿者上皆赦之
錄曰易無妄曰無妄之藥不可試也聖人之意蓋謂人君出治當以大公至正處之至誠極信御之太宗脅父起兵推刃同氣所殺無辜甚衆而盧祖尙張蘊古之冤尤爲可憫乃縱囚而赦之縱且不可而况赦乎此以民命爲兒戲律令爲狙玩直欲沽千古之美談而已夫死人之所至難而甚畏也苟可以求生何所不至又安知其自詣者果眞邪帝勇於好名而力於自是朝堂之間更孰有如蘊古者哉以僞而爲眞以僞而爲誠以戲而爲法以死而爲生雖百縱之無益也
按通鑑貞觀四年書天下大稔流散咸歸終歲斷死刑纔

二十九人以爲魏徵勸行仁義之效何至今甫逾三載仍有三百餘人之多也夫使仁義果行則必教民禮讓而無悖逆爭鬭之事身先節儉禁侈務農長吏得人下無掊克民生日富而無作姦犯科之條矣今此實繫有徒得非仁義之行猶有未盡然邪漢文承秦密網之後歲斷獄四百君子以爲幾致刑措此時比之爲數更少豈反以是爲太宗病然讀貞觀史書紀言多而紀事少其言非不中肯綮及考其行事殊多不符即其言而玩味之亦與西京詔誥藹然惻然自歎之與自詡氣象已先不侔烏可比而論哉故知刑措之原在愼德擇人而不在市恩邀譽也

魏徵上疏以爲文中子曰同言而信信在言前同令而行誠在令外自王道休明十有餘年然而德化未洽者由待下之情未盡誠信故也今立政致治必委之君子事有得失或訪之小人其待君子也敬而疎遇小人也輕而狎狎則言無不盡疎則情不上通夫中智之人豈無小慧然才非經國慮不及遠雖竭力盡誠未免有敗君子不能無小過苟不害於正道斯可畧矣旣謂之君子而復疑其不信何異立木而疑其影之曲乎誠愼選君子而信用之何憂不治上賜手詔曰昔晉武平吳之後志意驕怠何曾位極台司不能直諫乃私語子孫自矜明智此不忠之大者得公之諫朕知過矣當置之几案以比韋弦

錄曰帝以徵疏比韋玆善矣然不知韋之平玆之直者其體自正乎抑矯揉之而後能乎則徵之疏有所未盡何也蓋表端而影自正源潔而流自淸苟人主之心一於誠信則不言而化不令而行又何患待下之情未能盡實耶苟爲不然今日雖以爲君子他日未必不爲小人紛紜反覆皆由君心未盡誠信故也徵知顧影而不求直木與自比韋玆而不切乎直之義夫何殊哉

上謂王珪曰卿識鑒精通復善談論玄齡以下卿宜悉加品藻且自謂與數子何如對曰孜孜奉國知無不爲臣不如房玄齡才兼文武出將入相臣不如李靖敷奏詳明出納惟允臣不如

温彥博處繁治劇衆務畢舉臣不如戴胄恥君不及堯舜以諫爭爲己任臣不如魏徵至於激濁揚淸嫉惡好善臣於數子亦有微長上深以爲然衆亦服其確論

録曰三代而上人皆服義故論定可試三代而下是非混淆故浮議叠興是時君臣相得正猶手足腹心必待之以持行資之以舉動以是施於耳目未有不得其眞者然則王珪之論烏得而不確上亦烏得而不然哉

天后信重狄梁公嘗謂之國老而不名仁傑好面折廷爭后每屈意從之嘗問欲得一佳士用之誰可者對曰文學醞藉則蘇味道李嶠固其選矣必欲取卓犖奇材則有荆州長史張柬之

其人雖老宰相材也擢爲洛州司馬數日天后又問對曰前薦柬之尚未用后曰已遷矣對曰臣所薦者宰相非司馬也乃遷秋官侍郎卒用爲相又嘗薦夏官侍郎姚元崇監察御史桓彦範代州刺史敬暉等數十人率爲名臣或曰天下桃李悉在公門矣仁傑曰薦賢爲國非爲私也

錄曰狄門之桃李萬物之光輝也後世之桃李春風之爛熳也覩其所薦則其篤棐之功信可尚矣

按梁公事武后或謂其跡似馮道者不知道之歷事五季此亾則歸彼順從之已爾若梁公舉念不忘唐室其委蛇事周正以爲唐桃李公門不但於已無私即爲國孤忠操

心慮患亦非或人所識舉在斯時效收異日故必得爲宰
相而後克當匡正之任觀柬之爲相纔四月而即布置宿
將委典禁兵誅二豎復廬陵舉二十一年僞周之天下挈
而反之李氏功何偉哉然則梁公勤勤以宰相柬之爲言
無非欲成還汝太子之本意也柬之繼巳之志終巳之功
謂柬之得梁公之薦之意也可謂梁公逆討反周之功必
出柬之而固薦之也可

張九齡以姚元之有重望爲上所信任奏記勸其遠諂躁進純
厚元之納其言一日請序進郎吏上仰視殿屋再三言終不應
元之懼趨出高力士諫曰陛下新總萬機宰相奏事當面加可

否奈何一不省察上曰朕任元之以庶政大事當奏聞郎吏卑秩乃以煩朕邪會力士宣事至省中道上語元之乃喜聞者服上識人君之體

錄曰此林甫國忠干政之漸也夫君子之心美歸於上惟恐權出於已小人之心招搖於衆惟恐權攬於君郎吏雖卑不云上應列宿乎以是爲煩於元之則可於他人其可哉且元之之三寶不告力士一言如響至使朝廷之公言反爲省中之私語欲人不竊權可得哉一語默間可知其必無終矣

按盧懷慎諫武后陳時政批鱗侃侃不避斧鑕此豈眞伴食中書者哉開元之主銳於有爲而意氣用事刑政茲急

懷慎之無所事事欲以清淨之治諷之爾矧元之多才而忌身死之後猶能賣張說苟逞長而觸其所嫉能以功名終乎獨是性拘謹既入相妻子不免饑寒則亦過矣仲長統曰君子居位爲百寮之長固宜重肉累帛朱輪駟馬今反以薄屋者爲高藿食者爲清移風易俗之道豈在敝車羸馬之間徒開人以虛僞矯飾此亦賢者通病哉

張守珪使安祿山討奚契丹祿山恃勇輕進爲所敗守珪奏請誅之祿山臨刑呼曰大夫不欲滅奚契丹邪奈何殺祿山守珪亦惜其驍勇欲活之乃更執送京師張九齡批曰昔穰苴誅莊賈孫武斬宮嬪守珪軍令若行祿山不宜免死上惜其才令免

官以白衣將領九齡固爭曰祿山失律喪師於法不可不誅且臣觀其貌有反相不殺必爲後患上曰卿勿以王夷甫識石勒枉害忠良竟赦之

錄曰帝之言所未解也以王衍爲果知石勒則九齡之言無足怪也以王衍爲不知石勒則祿山之枉猶可疑也夫旣識石勒矣而又曰枉害忠良何耶是時乾坤已變屯難將作天故奪其聰明蠱其心志不然豈旣不識祿山又不知思明乎縱昏暗使然不應如是之背也

按論者以始興因有反相一言是以明皇矯而釋之然觀其初議止於軍令之行及後固爭亦以失律爲斷貌有反

相當是爭之既久始發此語冀以慮後而感動之也詎意守珪先有欲活之意明皇又有屈法之情竟貽後患雖旋思其先見遣使致祭曾何逭於奔蜀之耻哉考去冬冊壽王妃楊氏是年冬罷九齡而相林甫其祿山思明二逆適當此際並見史冊蓋理亂之機決矣故惟內有林甫斯外有祿山內有盧杞斯外有朱泚禍亂之作實本奸邪之行且乘君心之怠假使明皇能慎德用賢慮終如始雖百祿山適足為疆埸之扞何自而為亂邪

肅宗至德二載上皇思張九齡先見為之流涕遣中使至曲江祭之厚恤其家

錄曰九齡前後之言判若蓍龜帝不惟不信而反疑之然則李腹之劍非其自弄帝弄之也口蜜之甜非其自嘗帝嘗之也雖然爲小人之所愚恆在目前而君子之取信多於身後此不徒下蜀中之淚而至今高曲江之風也與

代宗永泰元年回紇吐蕃兵圍涇陽時僕固懷恩死二番爭長分營而居回紇在城西郭子儀使牙將李光瓚往說之欲與共擊吐蕃回紇不信曰郭公何在汝紿我爾光瓚還報子儀遂與數騎開門出使人傳呼曰令公來回紇大驚子儀免胄釋甲投鎗而進諸番相顧曰是也皆下馬羅拜子儀亦下馬前執太師葛羅手讓之曰汝回紇有大功於唐唐之報汝亦不薄奈何負

約深入吾地棄前功而結讐怨且懐恩叛君棄母於汝國何有我今挺身而來聽汝殺我我之將士必致死與汝戰矣葛羅曰懐恩欺我是以與之來我曹豈肯與令公戰乎子儀復說之曰吐蕃無道乘我國有亂不顧舅甥之親吞噬我邊鄙焚蕩我畿甸其所掠之財不可勝載此天以賜汝汝盍圖之葛羅許諾因取酒與共飲定約而還吐蕃聞之夜引去葛羅帥衆追之子儀使白元光帥精騎與之俱戰于靈臺西源大破之

録曰子儀之出諸將請選鐵騎五百衞從子儀弗許子晞叩馬諫曰大人國之元帥奈何以身爲餌子儀曰今戰則父子俱死而國危往以至誠與之言幸而見聽四海之福也及約

誓後諸部長大喜謂此行巫言安穩不戰見一大人而還今果然矣觀此則知子儀忠信素孚蠻貊故雖懷恩回紇吐蕃連年侵逼未嘗一與交兵自屈而去其胸中有恃而往與區區免冑見敵僥倖成功者異矣

按師克在和若二國連兵不相輯睦爲敵所窺乘隙而誘取敗之道也遠則春秋秦晉之圍鄭近則九節度之師潰于鄴城已事可睹今懷恩紿兵二番爭長自有可乘之機况以汾陽素孚之忠信加之正大之說辭委婉而入能不翻然相助反敗勢以爲勝轉危地而爲安邪故與人先審其可而示之以信大毋壓小弱毋背強困則相拯得必與

共而後能幾相與有成之功也

韓愈爲潮州刺史詢民疾苦皆曰郡湫水有鱷魚其長數丈食民畜産將盡愈往視之炮一豚一羊投之并爲文以告約其盡三日南徙于海三日不能至五日五日不能至七日七日不能是終不肯徙刺史則選材技壯夫操勁弩毒矢與鱷魚從事是夕暴風震電起湫中數日水盡涸西徙六十里自是潮無鱷魚患轉兵部侍郎鎭州亂殺田弘正而立王廷湊詔愈宣撫旣行衆皆危之愈至廷湊嚴兵相迓愈大聲曰天子以公爲將帥故賜以節豈意同賊反邪語未終士前奮曰先太師爲國擊朱滔血衣猶在此軍何負乃以爲賊乎愈曰以爲爾不記先太師也

若猶記之固善天寶以來安祿山史思明李希烈等有子若孫在乎衆曰無愈曰田公以魏博六州歸朝廷官中書令父子受旌節劉悟李祐皆大鎮此爾軍所共聞也衆曰弘正刻故此軍不安愈曰然爾曹亦害田公又殘其家矣復何道衆讙曰善廷湊因曰今欲廷湊何所爲愈曰神策六軍將如牛元翼者爲不乏但朝廷顧大體不可棄公久圍之何也廷湊曰即出之愈曰若爾則無事矣會元翼亦潰圍出廷湊不追愈歸奏其語帝大悅

錄曰易中孚曰信及豚魚又曰利涉大川乃化邪也夫魚冥然罔覺之物乎信能感於魚則何事不可濟何物不可化哉

雖以蹈水火臨不測可也故曰利涉大川也當是時廷湊雖驕悍不過亦若人爾以愈之忠信能服其心故讙然聽命非有他道故又曰乃化邦也抑蘇子有言公之精誠能開衡山之雲而不能回憲宗之惑能馴鱷魚之暴而不能弭皇甫鎛李逢吉之謗能信南海之民廟食百世而不能一日安於朝廷之上蓋公之可能者天其不可能者人耳

按昌黎方受命時元稹言於帝曰韓愈可惜隨有更觀事勢勿得遽入之詔而公以止君之仁死臣之義自矢一往不顧身探虎穴卒不辱命誰謂儒者無勇哉夫昌黎之原道儒者未嘗全許亦猶姚江之未愜人論也而其事功表

表有用之學豈無體而能之乎程朱謂昌黎因文求道失進爲之序不免舉其外而遺乎內然秦漢以來聖學榛蕪非比宋世賢哲迭興之會爲程朱較易爲昌黎實難學必如程朱庶可議其小疵而歸於大醇何也蓋君子立言非難言而能自量之爲難若陽明誅叛擒逆闢土安疆其德業文望儘堪名世何須講學即講學亦何須更詆程朱祇自增一麗贅爾且世之論陽明者不過閉門兀坐標舉陳言誇矜富有遂欲挾此以凌駕古人籠罩當世一時浮僞者樂其提掇庸鄙者借其虛聲羣後口而詈罵之試嘗事變之來盤錯之遇果智足以料賊謀足以出奇才足以呼

衆乎故必有陽明之事功然後可以議陽明之學術不則放言高論正夏虫語氷蠡眼測海而已其於姚江何損哉

宋史太祖謂趙普曰天下自五季以來數十年間帝王凡八姓十二君僭竊相踵吾欲息天下之兵建國家長久之計其道何如對曰方鎮太重君弱臣强今欲治之宜稍奪其權制其錢穀收其精兵則天下自安矣時石守信王審琦等皆上故人有功典禁衛兵一日晚朝畢因與飲酒酣太祖屏左右曰朕非卿等不及此然天子亦大艱難殊不若節度使之樂朕終夕未嘗安枕居此位者誰不欲之守信等頓首曰陛下何出此言今天命已定誰敢有異心帝曰固然其如麾下欲富貴何守信等泣曰

臣等愚不及願陛下哀矜指示可生之塗帝曰人生如白駒過隙所以好富貴者不過欲多積金錢厚自娛樂使子孫無貧乏耳卿等何不釋去兵權出守大藩擇便好田宅市之爲子孫立永遠不可動之業日夕飲酒相歡以終其天年朕與卿等約爲昏姻君臣之間兩無猜忌不亦善乎守信等謝曰陛下念及此所謂生死而骨肉也明日皆稱疾乞罷典兵

錄曰陳橋之事變起倉卒五代相襲之舊也兵權之釋患銷未萌大宋不拔之基也易曰夬揚于王庭孚號有厲彖曰揚于王庭柔乘五剛也孚號有厲其危乃光也夫小人之亂極矣循環損益天故篤生大有爲之君又得出乎其類之臣剛

明果决乾道盛備陰柔潛消故能顯行於朝廷使人明知去
就之義進退之幾其至誠孚信旣非挾詐任術而渙汗大號
亦非陰謀譎計此所以異於躡足附耳誅醢殄滅而宋之家
法光於漢唐非此之謂乎

按功臣乘時崛起分茅胙土亦欲施及子孫而上賜以鐵
劵誓以河山其始非有意於芟刈也然往往不以好終何
哉盖草昧經營本繫儕偶相狎迨勢分一定上或慮其不
能終下每爲設備若輩多出武夫不通曉大義不熟諳古
今鑒戒又不知上之慮我未免恃功驕悍觸忌以其所觸
挍其所備如機之伏猝發而不可止寧能善全宋祖視此

皆我故人不妨以故人之道處之開誠相示語皆入乎至情絕無叵測待人之意守信輩能不爲之感泣邪或曰藩鎭之禍雖除而兵勢之弱由此此非確論向使用將長如曹瑋楊業岳飛孟珙父子兵何由而弱吾未見節鎭之授良於禁兵廂兵之制也

趙普爲相太祖事無大小悉咨决焉嘗薦人爲官不許明日復奏亦不許又以其人奏太祖怒裂碎奏牘擲地普顏色不變跪而拾之他日補綴舊牘復奏如初上悟卒用之有小臣當遷官上素惡其人不與普堅請上怒曰朕固爲不遷卿若之何普曰刑以懲惡賞以酬功古今通道也陛下豈得以喜怒專之太祖

怒甚起入宮普復隨之久不去竟得俞允

錄曰補綴舊牘盛時之事也普可謂無負於薦賢矣何獨於榻前之署而恐裂斷之乎是時藝祖當乾普方以社稷自任其私心未動利害未萌故能盡忠所事及再相之後私心巳動利害巳萌由是不能不以得喪爲愛惡也雖然若以他人觀之惟徇好惡罔敢異同豈有再三之瀆補綴之章乎若普者葢非能悟帝乃帝能悟普耳

按自來稱守正不阿之臣曰批敕曰焚詔裂麻普之補牘亦或類是而普實非其倫也受吳越王瓜子金十瓶唐主銀五萬兩冒禁市販秦隴大木假隙地私易尚食蔬圃以

廣其居多營邸店以規利又庇堂吏胡瓚李可度受賕骫法以私憾殺姚恕馮瓚李美李檝又屢以微時不足於帝及已者為言挾私如此烏知補牘之舉非有所為而為者乎夫子論事君之道曰勿欺也而犯之普之犯則有矣以云勿欺則未也

吳越王俶聞唐亾而懼乃與妻孫氏子惟濬孫承祐來朝太祖賜禮賢宅以居親幸宴之信任不疑留兩月遣還賜以黃袱封識甚固戒曰途中宜密觀及啟之則皆羣臣乞留俶章疏也俶益感懼既歸視事命徙坐於東偏曰西北者神京在焉主上信我而我敢不敬乎每修貢必列於庭焚香而後遣之

錄曰帝之歸佽其懲乎鉉之論煜與他人之鼾睡旣不能容在己之獨覺又不可信徒狥羣臣之情惑而無明炳之遠圖一旦如有鉉者則帝之辭屈矣以此示信至於異日尙留而弗遣則二帝量之淺深德之厚薄又可見矣

王旦爲相上益親信言無不從凡大臣奏請必問王旦以爲何如然後施行旦惟愼守祖宗法度無所變更每詢訪四方利病或使疏其言而獻之觀才所長密籍其名不復與見遇有差除必先疏三人姓名以請所用者帝以筆點之同列不知故惟旦奏無不俞允

錄曰眞宗之信王旦豈誠心與直道哉始也媢之以固結其

必終也信之以成就其志向使旦不能任帝之許帝亦豈能信旦之言乎以爲近客則可以爲慎守則未也蓋慎者當官之義自始至終不容一毫苟且而可貽臨殁之悔邪觀者當自識之

張詠前後治蜀皆以恩信民鼓舞相慶如赤子久失父母而復來也既至易嚴以寬凡令下人情慰愜蜀郡大治上曰得詠在蜀朕不復有西顧之憂矣嘗問李畋曰百姓果信我否對曰侍郎恩惠及民安得不信公曰前一任則未也此一任應稍稍耳只此一個信字五年方得成又曰子輿曰爲政信及於民然後教之言及於義然後勸之動而有禮然後化之靜而無私然後

民安而樂業行斯四者在先率其身
王曾嘗言人之操履無若誠實夷險可以一致其再蒞大名治
政益信於人民居軍伍咸畫像事之時契丹使往來入境皆云
此府王公在焉必沐浴潔服而入
杜衍平生直諒忠信取重天下嘗曰衍歷年多任事久上爲君
上所知次爲朝野所信故凡事得以伸其志又曰自在幕府至
監司人尙不信及爲三司副使累於上前執奏不移人始信之
復至公待物樂與人善旣知其人則無復毫釐疑間始韓琦爲
樞副論難一二事公不樂久之相亮每事問曰諫議曾看否看
便將來押字琦益盡心不敢忽

錄曰三公者國之蓍蔡時之柱石也而自信信民上而君長次而同列不易得如此然則苟無三公之行誼而遽痛哭於君前徒勞其民力廷臣毀之輿人謗之固其宜也子夏有言獲上使民必先於信君子可不益自勉哉

按治必久道而化成山川風土殊俗異宜自一邑一郡以至一路悉其民情之奢儉淳頑土田河渠徭賦卒伍之利病徐究其條理得其端緒而又博徵文獻歷考成規合之於時推之於政斷然與釐施設而不疑然後可以有功譬人之於馬初時控御不相調習久之而服馴其性則駕馭不勞左右如意假令東移西就席不暇暖雖在古昔或無

夫船輿馬之擾屬員迎送之費衙舍器物供帳之煩而風俗粗諳職任已離相代之吏能保同心合志如蕭規曹隨者乎人易一地而復然地易一人而復然民且不能習官官又安知所以治民乎觀忠定之治蜀沂公之在大名祁公自幕府至三司皆必歷久取信而治效始成蓋古有久任之法加其爵而不遷其官是以上無目前苟且之政下無五日京兆之心民不妄費時多循良職此之故志富教者當於此加之意也

仁宗信任大臣擇報聘契丹者呂夷簡薦富弼時帝以平治責成輔相而命弼主北事仲淹主西事弼至入對曰主憂臣辱臣

不敢愛其死帝為動容進樞密直學士弼固辭曰國家有急不可憚勞何至以官爵賂焉遂往

錄曰史稱帝剛斷不足豈其然哉以平治責輔相以北事責富弼以西事責仲淹帝之斷有餘矣及其衰也猜忌生焉嫌疑作焉推其故正以懷祿者多徇國者寡賢不肖混淆以致帝心之不固也然則弼之辭官豈無謂哉

富弼至契丹見其主曰兩朝繼好垂四十年一旦求割地何也主曰南朝違約塞鴈門增塘水治城隍籍民兵將以何為弼曰塞鴈門者備元昊也塘水始於何承矩事在通好前城隍皆修舊民兵亦補闕非違約也遂進說曰北朝忘章聖皇帝大德乎

澶淵之後苟從諸將言北兵無得脫者且通好則人主專其利若用兵則利歸臣下而人主任其害故勸用兵者皆爲身謀爾主驚曰何謂也弼曰今中原兵精馬壯法令修明上下一心果欲用兵能保必勝乎就使其勝所亾士馬羣臣當之與抑人主當之與若通好不絕歲幣盡歸人主羣臣何利焉主大悟首肯曰微卿言吾不知其詳

錄曰始契丹之報聘也擇無敢遂行者雖鄭公毅然請往而歐陽公上章留之豈非天下之至難乎及鄭公旣至契丹雖反覆數百言不足以難之未見其可畏又安見其至難哉蓋天下不難於威武而難於信義我所倚仗惟信與義可以懾

服其心舍此而論強弱較勝負非君子所敢知也傳不云乎天之所助者順也人之所助者信也履信達順斯鄭所以成功也然則爲國者何必畏難而自阻乎

按鄭公以主臣利害爲說實是確論故一經開諭豁然頓悟而和好遂成若必以利爲不可言而責其勞師奪地爲非仁違約失好爲不義以仁義說之彼將百說而不一聽矣蓋當日情理事勢大非高孝時比故止以利反覆陳說使其聽而繼好則我自無殘民黷武之舉而出使不辱彼雖所見爲利此之所得仍是保民之仁奉君之義理有不必泥而適相成者正善用孟子教宋牼之指也子思曰仁

義正所以利之也吾亦曰利正所以仁義之也

富弼復如契丹議增幣及誓書往主曰南朝旣增歲幣其辭當曰獻弼曰南朝爲兄豈有兄獻於弟者然則爲納字弼亦不可主曰南朝旣以厚幣遺我是懼我矣則於二字何有弼曰本朝兼愛南北故不憚更成何名爲懼或不得已至於用兵則當以曲直爲勝負非使臣之所知也一時聲色俱厲主知不可奪乃曰吾當自遣人議之

錄曰景德之誓書一慶曆之誓書二景德之和好近慶曆之和好遠以仁宗之世畧不如漢謀不如唐强不如秦富不如隋惟恃一弼之誠信以爭二字之獻納國體所在亦可觀矣

雖然有帝之謙光而爭納字不爲過有帝之節儉而增歲幣
不爲侈有帝之天性仁愛而弭患息兵不爲虛文不則口受
之辭與臨發之言尚有異同何况後日之史筆乎

按人臣事君先公後私夷簡以私憾富弼將口受之辭與
誓書互異冀用中傷使非鄭公精詳重復啟視馳還易書
不惟忠義獲罪而國體不由茲喪邊釁不由此相尋無已
乎夫祁奚舉仇廉頗負荊或至公而無私或急公而不恤
其私故介臣之度首取有容鄭公何人使遂何事而顧汲
汲於徇其私也哉蒙正稱夷簡有宰相材考其秉政行事
廢郭后貶道輔黜仲淹尹洙宋庠皆由私怨徙以曉暢庶

務爲時倚任與蒙正之不欲識毀巳者異矣

時西邊用兵守備不足种世衡建議延安東有寬州廢壘請城之以當寇衝右可固延安之勢左可致河東之粟北可圖銀夏之舊朝廷從之及成賜名青澗城蕃部有牛家族奴訛者素屈強未嘗出謁郡守聞世衡名遽郊迎世衡與約明日當至其帳勞部落是夕雪深三尺左右曰地險不可往世衡曰吾方結諸羌以信不可失期遂緣險而進奴訛方臥帳中大驚曰前此未嘗有官至吾部者公乃不疑我邪率其族羅拜聽命世衡在青澗元昊未臣其貴人野利兄弟親信用事欲謀間之遣書諭以早歸之意元昊信之果疑野利兄弟卒以誅死使其臣李文貴

報言許以通和願賜一言世衡白仲淹諭以朝廷開納德意縱使還報自是元昊請降稱臣如舊

錄曰种氏本出放後初無聞於時也而其後世遂爲名將要其立功靑澗奴訛爲始野利剛浪爲終其始也臨不測之淵冒不虞之險其終也以前日之信立後日之謀世之爲邊帥者不可知所務乎雖然世衡之時有仁宗在上仲淹在下故能成功若君非寬仁大度將非公正明信則雖欲決策一時且不可得況望馳聲後代哉

司馬光爲人忠信正直自少至老語未嘗妄自言吾無過人但平生所爲未嘗有不可對人言者誠心自然天下敬信陝洛間

皆化其德有不善必曰君實得無知之乎及居政府凡新法爲民害者剗革畧盡或曰熙豐舊臣多憸巧他日有以父子義間上則禍作矣光正色曰天若祚宋必無此事於是天下咸信之曰此先帝本意也

錄曰人何以不可對人言乎蓋人者對己之稱已非可以自欺而可欺人乎哉世之欲欺人者雖百計言餙然其本心之明有終不得而昧者是必支離澒滖欲言而趦趄也所以聖賢誠意先毋自欺人豈有不自信而能見信於人者乎溫公釐革宿弊勇罷新法皆其自信中來雖天不祚宋亦未如之何也巳

按南軒張氏曰溫公改新法或勸其防後患使他人處此必曰苟利社稷遑恤其他使我答之亦不過如此溫公乃曰天若祚宋必無此事更不論一已利害想其平日有養故臨事發言卻如是中理今觀溫公生平進德修辭無一不以存誠爲本誠則可以動天地格鬼神而況於人乎公之勲名事業顯當時垂後世良有以也程子謂君實能受盡言儘人迕逆終不怒其存養爲何如者或言其居洛十餘年止成就得一部通鑑何其淺視之邪

唐介拜參知政事自以進由直道感慨知遇純誠盡公多所獻替用人明言其才否不立恩不避怨與同列論政事反覆再三

未嘗阿屈於祖宗法度有所更變近臣有所進退尤極其愼雖在帝前必究切辨折要是非之歸未嘗反顧帝益敬信之天下翕然想其風采

録曰愚觀唐子方何其幸哉始也直聲滿天下終也直道滿朝廷士之生斯世爲斯民雖微賤亦思自副矧諫官乎雖一命必思自効矧參政乎其所以益感知遇敬信不疑上下之間同是無負而已

常安民主信爲治與安惇同僚惇常毁素所善者安民曰若人素厚於君何詆之深也惇曰姑面交耳安民曰君所謂匿怨而友其人乃李林甫也惇笑曰直道還君富貴輸我故安民常曰

處厚若貴天下事可知我當歸謝寧復校是非第恐累陰德耳後惇子坐誅果如其言時元豐用事諸臣雖去其黨分布中外尤竊憂之貽書呂公著曰善觀天下之勢猶良醫之視疾方安寧無事時語人曰其後必將有大憂則衆必駭笑惟識見幾微之士然後能逆知其漸故不憂於可憂而憂之於無足憂者至憂也夫去小人不難而勝小人爲難陳竇五王皆前世已然之鑒故以十人而制一虎則人勝以一人而制兩虎則虎勝奈何以數十人而制千虎乎又言呂惠卿賦性深險今過闕必稱先帝而泣以感動陛下希望留京後請對果然帝正色不答時論快之又嘗極論章惇蔡確曾布時蔡京之惡未著人多不信安

民獨言京姦足以惑衆辯足以飾非巧足以移奪人主之視聽力足以顛倒天下之是非章前後數十上皆確論

錄曰夫筮龜藥石世並珍異者蓋藥石能治已然之疾而筮龜能決將來之禍無筮龜則藥石無所措其手無藥石則筮龜不能神其用要在夫人之決計何如耳宋之天下譬人之一身始焉不信平和之劑率意妄投以致內而腹心外而四肢莫不厓然病也中焉力施救治之方百計愛護思欲挽回足以上而眉宇懽而顏色莫不蛩然喜也終也藥不瞑眩厥疾不瘳於是病加於小愈患生於怠惰而膏之上肓之下嘈然不可解矣此安民之言信若筮龜然而不能用者國之元

氣關於運之盛衰人之死生繫於命之修短有如宣仁者天若祚之以耇壽終之以至公永無祉飯之虞何至調戲之患則雖百狠千虎將見天高日升不能恣其咆哮矣惜乎元祐淪亾紹聖繼作中朝列爲荆棘人類化爲鴟鴞詩不云乎內奰于中國覃及鬼方其言不惟可信尤可痛也

按安民自少應舉不從王氏經學其妻與蔡確妻兄弟也絶確不與往還則其志節早定矣乃章惇曾布摘其與公著書中陳賓五王之語以爲比帝漢靈故激主怒抑何計之下也夫漢高之釋蕭何自比桀紂劉毅之答晉武擬於桓靈孝文時賈誼賈山俱引秦皇爲鑒宋太宗自比唐文

皇李昉誦白居易怨女三千放出宮死囚四百來歸獄之句帝遽起立以爲不如後之論者不聞以此貶議諸帝也惟吳張尚比孫皓於孔子以不王見殺隋薛道衡上高祖頌煬帝謂魚藻之義爲刺幽王由是坐死此可援以爲法哉蘇轍上章疏援引漢武哲宗以此罪之范純仁曰轍之所論時與事也非人也足爲文字定論矣

楊邦乂神色明秀長身山立其德行稱於鄉信於友初攝溧陽號令明信會叛卒周德據府城殺官吏邦乂立獄囚趙明於庭結以誠信遣之去翌日明果悉里中豪健擒賊討平之時通判建康金兵渡江杜充下令城守知府陳邦光出城迎敵克先降

惟邦乂不屈邦光説之曰公故貧有兄垂老仰分祿寡嫂孤姪遠來就養五子尚幼一女未嫁寧不念此邦乂曰茲人之常情吾獨無情乎家國不兩立吾信無疑矣金人置酒飲降者邦乂及階以首觸柱礎氣益厲時有劉團練取幅紙示之曰無多言爲趙氏即書死字爲我即書活字於是取筆書死字又刺血書衣襟曰寧作趙氏鬼不爲他邦臣明日復各問邦乂大罵裂襟以示遂遇害相與剖其心而視之

錄曰愚觀宗澤之憤杜充之暴邦光之降邦乂之剖皆汪黄用事之所致也而金陵王氣所萃非臨安一隅可比帝已失之東隅尚可收之桑榆而縮手無策坐待陷亾然猶延數世

之脈者孔子曰自古皆有死民無信不立故城可破而幅紙不可破腹可刳而血書不可刳向使忠襄不作人胥雖生猶死矣惟能立誠示信凌天貫日庶幾生氣賴以不泯乎

按人臣當國難之際中人以上多有倖生貶志者大都怯死惜才顧恤家室三者而已夫平昔慷慨論議壯懷激烈盱衡往㕁責備畧無恕辭似乎一當不幸殉國捐軀萬死有不難者乃往往行與言違或同僚共約而不踐或揚言致命而中更豈非立意不堅私愛難割以致是邪邪光所言皆屬人情最難慭舍縱他人聞之亦大慘惻而忠襄毅然無少顧恤當由輕重之衡素定是以造次之頃莫撓所

謂剛腸義膽百誘不回者是其人與

岳飛受命討楊么時張浚都督軍事會朝廷詔還防秋浚召飛欲俟來年更議飛曰已有定畫都督能少留不八日可破賊浚曰何言之易也飛曰王四廂以王師攻水寇則難飛以水寇攻水寇則易水戰我短彼長以所短攻所長故難若因敵將攻敵兵奪其手足之助離其腹心之托使孤立解散而後王師乘之八日之內當俘諸賊浚許之飛遂如鼎州先是所部皆西北人不習水戰飛曰兵何常顧用之何如爾乃遣使招諭其黨黃佐既至拊佐背曰子知逆順立功封侯豈足道哉至是佐招楊欽來降飛喜曰楊欽驍悍既降賊腹心潰矣遣歸湖中欽又說全

琮劉詵來降幺負固不服浮舟湖中以輪激水其行如飛旁置撞竿官舟迎之輒碎飛伐君山木為巨筏塞諸港汊又以腐木亂草浮上流而下擇水淺處遣善罵者挑之且行且罵賊怒來追則草木壅積舟輪礙不能行乃急擊之賊奔港中復為筏所拒官軍乘筏張牛革以蔽矢石舉巨木撞其舟盡壞幺遂赴水死衆俱請降果八日而捷書至浚歎曰岳侯神算也初幺恃其險曰欲犯我者除是飛來至是人以為讖

錄曰人皆謂岳侯神算愚竊以為飛之自信也其言曰智信仁勇嚴缺一不可今觀以水寇攻水寇是其智果八日而捷是其信招之能來遣之能去俾人心服是其仁欲犯我者除

是飛來是其勇無佚來年别議必欲都督少留是其嚴智故不困信故不爽仁故不殺勇故不懼嚴故不惑回視富平之後符離之師真兒戲爾以親服神算之人他日督府之議竟致面違心否況其他乎是當爲浚惜不足爲飛痛也

按用兵雖奇正不同然非堂正之法熟諳胸中而好奇違制以試僥倖未有不敗者古來名將甚多談兵亦夥孫子曰兵有定體太公曰變化無窮故有示强示弱利久利速或深入而取勝或遠追而殲敵或因敗以爲功或就計而誤彼甚有冒兵家之忌以微乘危之勛要當審勢量敵而神明之無妨執泥無妨變通也淮陰泜水之提置之死地

而生亾地而存他人用此寧不倒戈逃散乎故得其人則武穆兵何常法運在一心所向無不如意茍非其人則雖趙括能讀父書秖足覆長平之師而已爲將者毋徒樂飛將軍之寬而不屑爲程不識之嚴也

楊存中爲人忠謹高宗爲康王開大元帥府卽親信之時帥府草創存中晝夜扈衞寢幄不令頃刻去側及南渡駐蹕江浙存中以勝捷軍從張俊守吳門苗劉之變從俊赴難擢御前統軍俊復欲留置軍中上曰宿衞之帥朕所選爲不可易也在殿巖凡二十五載金主有南侵意存中上備敵十策步帥趙密謀奪其權指爲喜功生事竟代之未幾邊聲日急帝如建康詔爲御

營宿衛復使扈蹕因語宰相曰楊存中唯命東西忠無與二朕之郭子儀也又曰朕假借諸將眷存中尤深撫綏之過於子弟曩於趙密之代不安寢者三夕於是出入四十餘年至孝宗尤信重之呼爲郡王而不名

録曰愚觀中興諸將岳最危楊最密其危者如波濤洶湧雷霆奮迅始終不失其正故天下後世重之密者如指之在臂臂之在身東西惟命所使故當時人主悅之觀秦檜殺岳飛佯爲不聞而趙密代存中乃爲不寢帝之存心厚薄於此分矣夫豈不知更有忠無與二者乎

[illegible]道錄巻之二十一終

弘道錄卷之二十二

明刑部員外郎仁和邵經邦弘齋學
皇清詹事府少詹事四世孫遠平補案

父子之信

孟子曰天下大悅而將歸己視天下悅而歸己猶草芥也惟舜爲然不得乎親不可以爲人不順乎親不可以爲子

錄曰此舜之心斷斷乎以親爲必可信而無一毫之疑者也彼外於父子之恩者皆由其始之不信是故明皇疑肅宗之害己而後王琚之言易入肅宗疑明皇之得衆而後輔國之譖始行了翁所謂彼臣子之敢加於君父常起於見其有不

是處耳嗚呼始之所見卽中之所疑也

按至德初明皇加肅宗尊號固辭不受而肅宗遂上太上至道聖天皇帝父子之間遞相挾詐而不以信蓋其家法然矣故唐有天下二十君其立不以正者十三焉或託禪受或乘兵革或由宦官強臣之手乃史臣謂內禪者四獨睿宗上畏天戒出乎至誠夫臨淄發難不先白相王而與劉幽求等定議一晉陽挾父也太平側目前星有變七月四日知古之告與六月四日建成之誅又無異也睿之禪亦迫乎時勢不得已耳其時蓋由惑於諸臣言天子之孝當以安社稷宗廟爲主不得但顧私親一語誤之試觀孟

子許舜之言不且爽然自失乎
詩商頌天命玄鳥降而生商宅殷土芒芒古帝命武湯正域彼四方
大雅厥初生民時維姜嫄生民如何克禋克祀以弗無子履帝武敏歆攸介攸止載震載夙載生載育時維后稷
錄曰此商周之鼻祖史記於詩乎據果可信乎曰非然也詩者以意逆志而已夫有匹配之賢而後有嗣續之美此天地之常經生民之至理也古者高辛氏之王天下也普施利物不於其身仁而威惠而信帝有四妃元妃有邰氏女曰姜嫄生稷次陳鋒氏女曰慶都生堯又次有娀氏女曰簡狄生契

又次妃訾氏女曰常儀生摯夫以聖德如高辛而四妃爲之配其生聖子乃理之必然而鳦鳥之祥履武之異適然相應豈一旦卵其卵跡其跡而遂生子乎彼作詩者在於措辭之善乃加天命二字且曲爲形容名棄之意而有隘巷寒氷牛羊腓字之說讀詩者固不可以文害義也後世從而附會之舍高辛爲之父而以神怪不經之論加於萬世之聖人其失在於不達詩之本旨故爾夫儒者以窮理爲務誦詩三百且猶不達何怪乎佛氏洞脅而生馨香滿室老子生而頭白之誕乎錄以傳信故不可以無辯

按古者立郊禖當鳦鳥至之日祀以太牢天子親往后率

嬪御以從詩曰天命玄鳥降而生商蓋鳦鳥至而祀以生商實天命也姜嫄隨帝之後武同祭郊禖詩曰履帝武敏歆蓋履高辛之武而上帝居歆之敏速也生而棄之者蓋生產每苦其不達而難也今則先生如達矣生產必坼副有災害也今則不坼不副而無災害矣其生也異乎常人此其所以棄之耳乃遷史信詩太過鄭箋又信史太過致有墮卵取吞之說後人益附會之遂云華胥履跡而生庖犧少典感龍而姙炎帝劉媼交龍而孕漢高世頗有異物交而生人之理哉後世厭常喜新更有蒙詔之母感浮木而產十子高昌之始裂樹癭而得五男皆雄長數十世誕

妄不經之語自此詩啟之實自說詩者誤之也

春秋魯桓公六年九月丁卯子同生

錄曰自小弁之怨作而父子之道乖夫子作春秋葢傷之也雖以魯事而實非止爲魯也左氏以爲感隱桓之禍故以喜書誠哉末乎吾夫子别嫌明疑之意斯其至矣葢夫婦别而後父子親桓之昏惑與文姜之敗度千古所未聞也史書九月丁卯昭其實也詩稱展我甥兮著其微也以是爲坊他日公尚日同非吾子齊侯之子然則非胡氏所謂明與子之法防奪正之事將以正魯桓身後之惡定千古不决之疑爾其爲世教慮方始切哉

魯僖公五年夏公及齊侯宋公陳侯衛侯鄭伯許男曹伯會王世子于首止秋八月諸侯盟于首止

錄曰夫周室何以東遷幽王何以被禍而春秋何以作與皆世子之莫定也本一搖而其獘至於丘墟其社禾黍其宮殘戮其身尚猶未悟一再傳而有子克之難至於子頹之亂又惠王所身鑒也反國未幾復有叔帶之萌吾不知惠王獨何心與推原其故皆好樂不得其正之其所親愛而辟焉者也雖以明信在人及其卒也尚不敢發喪告哀失父子之親戎伐王城虧兄弟之義天王出居于鄭蔑君臣之禮皆惠王有以啟之耳向微桓公惠之不爲幽幾希矣周將何遷乎夫子

特書許之蓋爲天下萬世大計非區區一人之位是關也

左傳潁考叔潁谷封人也有獻於公公賜之食舍肉公問之對曰小人有母皆嘗小人之食矣未嘗君之羹請以遺之公曰爾有母遺繄我獨無考叔曰敢問何謂也公語之故且告之悔對曰君何患焉若闕地及泉隧而相見其誰曰不然公從之公入而賦大隧之中其樂也融融姜出而賦大隧之外其樂也洩洩遂爲母子如初君子曰潁考叔純孝也愛其母施及莊公詩曰孝子不匱永錫爾類其是之謂乎

錄曰愚觀潁考叔之能昭於大信也夫匹夫之誓亦之諒也君子之要約之義也故一言而開莊公之惑或曰悔者信與

疑之間也不悔則不能因其所明而導之能悔則猶在唐肅宋光以上者與

按姜氏以寤生之故憎之終身眞婦人之見哉武公不從其請蚤知弟不兄若矣乃莊不教弟以善而故養成其惡設阱以待愚人之自陷從而逐之且遷惡及母寘之城潁則不兄之罪小不子之罪大何穀梁責莊謂不能緩追逸賊失親親之道公羊又謂如取諸母懷而殺之不知莊未嘗殺段也段奔共後奔齊奔莒所謂寡人有弟未能和協而使餬口于四方者是也且安可置逐母之逆於弗問反以斗粟尺布繩之乎爲考叔者當告之以大義動之以天

性而乃因循誓詞及泉相見倘曩以蓋棺作誓則將輿棺使之入而復出邪蓋當時所重盟誓故不得已而爲納約自牖之術以云孝子不匱君子許之則未也

季友之母出自陳桓公魯桓公絕幸愛之季友將生公使人卜之曰男也其名曰友在公之右間于兩社爲公室輔季氏亡則魯不昌又筮之遇大有之乾曰同復于父敬如君所及生有文在其手曰友遂以名之號爲成季

錄曰愚觀季友之生天實厭亂非獨爲桓也夫桓莊之不君文哀之不婦般閔之不幸叔仲之不臣當是時已無魯矣使無賢者生於其間周公之祀不幾墜乎其有文在手者指其

掌也天意若曰友者昌弗友者亡繼般與閔友之道也不然季亦淫人之裔何德於天乎其立僖以定魯乃以弭亂而存祧也卜筮之意深哉

按邑姜生唐叔有文在手曰虞而宋仲子之手亦有文曰爲魯夫人生桓公而基鍾巫之禍今桓之生季亦因手文而命之何與前人適相符也後此若梁高祖有文在手曰武隋文帝有文在手曰王秦苻堅有赤文在背曰草苻臣往往亦多徵驗故論者謂友能戢叔牙縊共仲二難方作一反掌而定之似爲天之所授惟是始震而卜卜而預知其名與手文脗合楚丘之爻是操何術邪矧友雖有大功

於魯乃其子孫遂擅魯政而逐昭公卑公室然則季彊而

魯不昌其與卜辭何全不侔也

成風聞成季之繇遂事之而屬僖公焉故成季立之

錄曰僖公之立果人乎抑天乎曰天也夫彭生之乘文姜致之也絕於天一矣哀姜之入宗廟厭之也絕於天二矣以至孟任之奔而卽有圉人犖之鞭釁天絕之三矣子閞之立而又有卜齮之奪田天絕之四矣風氏之繼姜以有後猶薄氏之繼呂而立代也豈非天實爲之哉

奚齊卓子者驪姬之子也荀息傅焉獻公將薨謂息曰士何如則可謂之信對曰使死者反生生者不愧乎其言則可謂信矣

及驪奚齊立里克謂息曰君殺正而立不正如之何願與子慮之息曰君嘗訊臣矣臣對曰使死者反生生者不愧乎其言則可謂信矣於是里克知其不可與謀退弒奚齊息又立卓子克復弒卓子荀息死之君子曰荀息可謂不食其言矣

錄曰尾生信矣而與女子私則非正也然則君子何以與荀息哉與荀息正以甚里克也夫克之傅申生名正言順非若息之傅奚齊也優施一飲而中立與死者復生而不愧相去何懸絶哉向使克能守正不惑以免申生於難上也若守死無二以與之殉亦其次也既甘心矣復靦其面若克者吾不知爲何心惠公不明正其罪尚以廢興爲辭然則晉之刑政

又不待責矣故夫子復累惠公累惠公亦以甚里克與

按晉語晉將廢申生立奚齊大夫里克丕鄭荀息相見克曰若何荀息曰吾聞事君不違命君立臣從何貳之有鄭曰不然從其義不從其惑也必立世子克曰我不佞雖不識義亦不阿惑則廢立之舉息實成之向使三大夫皆從義而不阿惑則曲沃可以無城東山可以不伐而新城之難未必作矣奈息徒守尾生之信甘以身殉而驪姬一泣杜原欵先已見殺是奚齊有傅而申生反失其傅不死何待此傳稱里克爲申生傅者誤也初世子之伐皋落也里克非不強諫謂冢子奉冢祀軍旅非其事奈何中立之見

橫結胷中始以覬望終至僨敗丕鄭雖有從義之言而不能正兩人同死於夷吾匹夫之手究之息以節著克鄭以舉誅亦可哀已嗚呼人於死生之際可不審哉史遷謂里克鞭殺驪姬于市此與齊桓之誅哀姜而歸其尸均屬快舉獨惜其無是事耳

晉趙衰卒子盾將中軍始爲國政制事典正法罪辟刑獄董逋逃由質要治舊洿本秩禮續常職出滯淹既成以授太傅陽處父太師賈佗使行諸晉國以爲常法

錄曰蠱之六五曰幹父之蠱用譽晉侯本以陰柔之質而能任陽剛之臣觀其立政制治豈非大有爲之才乎故曰成季

之勳宣孟之忠令聞長世所謂承以德者也

按春秋多世卿晉之有趙猶魯之有季凡卿不世則政不專三家分晉大都積漸所成然成既佐文創霸而宣亦能輔立靈成以繼霸業洵爲克紹前休以光邦家者但冬日夏日畏愛攸分自覺子遜於父世道之升降豈非人事爲之斡運乎

鄭文公有賤妾曰燕姞夢天使與已蘭曰余爲伯鯈余而祖也以是爲而子以蘭有國香人服媚之如是既而文公見之與之蘭而御之辭曰妾不才幸而有子將不信敢徵蘭乎公曰諾生穆公名之曰蘭

錄曰孟子曰天子能薦人於天不能使天與之天下諸侯能薦人於天子不能使天子與之諸侯子華之立亦旣受命於天爲質於諸侯則鄭之君位確乎有定子蘭之生方且將信將疑矧又羣公子之多乎乃以奸鄭見殺遂致紛紛竄逐而子臧之出奔子士之酖毒子瑕子俞之早卒無愛然後石癸之說行而孔將三人之討定大宮之盟立而靈襄數世之大典矣豈非天之所啟乎後世蒼龍據腹之祥雖不同侔嗚呼蘭也其馨龍也其天矣乎

楚共王無冢適有寵子五人將立莫知所從乃大有事於羣望而祈曰請神擇於五人者使主社稷乃徧以璧見於羣望曰當

壁而拜者神所立也誰敢違之既乃與巴姬密埋璧於太室之庭使五人齋而入拜康王跨之靈王肘加焉子干子晳皆遠之平王弱抱而入再拜皆壓紐鬬韋龜屬成然焉

錄曰愚觀楚共王之事嘆其不信己而信神不擇人而擇鬼不爲明顯暴白之事而狥幽隱難知之謀也夫堯舜之天受者以行與事示之也未聞當璧而壓之紐也彼巴姬何爲者哉其愛惡之情未必不寓於埋璧之際而或當或否豈非教之以篡乎上有篡者下必有弒之者矣此五子者始終以弒立果孰爲神之所擇乎

按無適則立長年鈞則以賢先王之訓也在古亦有義鈞

則卜如檀弓所云石祁子兆者然未聞不以蓍蔡而以璧見羣望楚俗信鬼埋璧之事大類巫覡所爲少者覬非分之福臣下託神命之靈數年之閒幾成鬼國五子相殘者四棄疾歿後亦不能保遺骸纘統大事僅聽之神豈果神之有神邪

衛襄公夫人姜氏無子嬖人婤姶生孟縶孔成子夢康叔謂已立元余使羈之孫圉與史苟相之史朝亦夢相協晉韓宣子聘於諸侯之歲婤姶生子名之曰元孟縶之足不良弱行孔成子筮之曰元尚享衛國主其社稷以示史朝史朝曰元亨又何疑焉成子曰非長之謂乎對曰康叔名之可謂長矣孟非人將不

列於宗不可謂長且其繇曰利建侯嗣吉何建建非嗣也筮襲於夢武王所用也弱足者居侯主社稷臨祭祀奉民人事鬼神從會朝又焉得居各以所利不亦可乎故孔成子立靈公

錄曰愚觀福善禍淫天道未嘗爽也以宣姜之亂孟縶之疾天蓋奪其嗣矣然而康叔之祀不可廢姬德之傳不可泯雖無孔烝鉏之夢史朝之筮其能已於子元之立乎雖然無徵不信不信民弗從衛之諸臣可謂從善矣卒之公孟安於居不以長而爲嫌靈公利於侯不以庶而見奪夫子於衛襄公書卒書葬者以此不然紛紛殽亂不第傳之所陳已也

按盤桓有難進之象足爲動物震實象之不艮於行之占

也宜居貞而别有所建變而爲比比曰有他吉則亦非孟之吉矣長男之爻變而爲坤坎爲中男居上得位上下順從乎以相應臣民左右無違阻者康叔之命元不益信哉

論語子曰孝哉閔子騫人不間於其父母昆弟之言

録曰稱騫之孝而必本於父母昆弟者蓋騫之母猶夫舜之母騫之弟猶夫舜之弟也父慈而母否則人間於其母兄愛而弟否則人間於其弟此舜母不免於嚚象弟不免於敖也騫以至恩篤之以感言動之於是父回其遣母之心母返其單子之念三子各依其親而騫之孝始無間於人人矣此孔門之實行不可以莫之辨也

漢書高祖姓劉氏父曰太公母曰劉媼其先劉媼嘗息大澤之陂夢與神遇是時雷電晦冥太公往視則見交龍於其上已而有娠遂產高祖爲人隆準而龍顏美須頿左股有七十二黑子寬仁愛人意豁如也高祖常繇咸陽縱觀秦宮闕喟然嘆息曰大丈夫當如此矣

錄曰一陰一陽之謂道道不可極極則反也三代之盛至於定鼎洛邑宅中圖大陽道極矣所謂亢龍有悔者也故東遷之變生焉五霸之興至於三家分晉六國合縱陰道極矣所謂龍戰于野者也故秦并之禍作焉陰陽俱困天地之道幾熄殆甚故雀而生鷰馬而生角皆以賤易貴以小易大之徵

也然則夢與神遇而雷電晦冥不猶巨人之跡鳦鳥之祥乎

漢之受命於斯信矣

薄姬文帝母也始姬少時與管夫人趙子兒相愛約曰先貴毋相忘已而管夫人趙子兒先得幸漢王四年坐河南城皋靈臺此兩美人侍相與笑薄姬初時約王問故兩人具以實告王心悽然憐薄姬是日召欲幸之對曰昨暮夢蒼龍據妾胸上曰是貴徵也吾爲汝成之遂幸有身歲中生文帝

錄曰媼之所夢應天啟運之兆也姬之所夢輔世長民之符也秦與漢二代之興廢也媼與姬一朝之始末也故各有天命之徵焉詩所謂明明在下赫赫在上天難忱斯者以此不

然巳以爲類而天不蔭之我以爲愛而人實憎之幾何不爲

隱之血瘣之肉乎

雋不疑爲京兆尹有男子乘黃犢車建黃旐衣黃襜褕著黃帽詣北闕自謂衛太子公車以聞詔使公卿將軍中二千石雜識視莫敢發言不疑曰諸君何患乎昔蒯聵違命出奔輒拒不納今來自詣罪人也遂送詔獄廷尉驗治竟得詐狀本夏陽人姓成名方遂居湖以卜筮爲事有舍人嘗從方遂卜謂曰子貌似衛太子方遂心利其言幾以得富貴即詐稱之自不疑之後趙廣漢亦尹京兆自言禁姦止邪於我庶幾至於决朝廷事不及不疑遠甚

錄曰唐德宗時有詐稱帝母沈氏者與此皆坐誣罔惟宋高宗時詐爲永福公主帝受而不疑寵莫加焉後雖爲韋太后所發亦縱其自竄而不求治則帝之悔也甚矣此戚方遂獄不可無隽不疑之見也

于定國之父于公自爲縣史決獄平東海有孝婦養姑甚謹姑憐其少寡無子欲嫁之終不肯姑以爲累反自縊死姑女告吏驗治孝婦自誣服獄具上府于公爭之不得竟論死郡中枯旱三年後太守至者卜筮其故于公曰勿卜咎在此也於是太守殺牛自祭婦冢因表其墓天立大雨定國少學法於父亦爲獄史以材高遷及爲廷尉甚見信用朝廷稱之曰張釋之爲廷尉

天下無寃民于定國爲廷尉民自以不寃始于公閭門壞里中父老欲共治之公曰必令高大可容駟馬高蓋我昔治獄多陰德子孫必有興者至定國爲丞相子永復爲御史大夫封侯傳世至今人以其言爲可信云

錄曰張釋之之無寃民文帝之仁也于定國之民不寃宣帝之明也其曰陰德有關子孫當興者亦君相造命使然也觀者當信諸此

按漢袁安錄楚王英獄出千人之寃和熹鄧太后省釋洛陽獄囚皆值天旱應時澍雨宋寇萊公以刑政不修守臣有不當死而死者故旱爲罷宰相天即大雨旱潦之來皆

有自召而天所以應之者速如桴鼓則何不示警於未事之先如袁安鄧后之時而乃降罰於已事之後一人旣已枉死復累一方無辜之民嗷嗷艱食乎夫有于公而能爭之有于公而始明之安得天下盡如于公者爲之辨白則枉殺而不及知者未必無也枉殺一人旱且三年假政刑不當有甚於此其爲災詎不細苟弭災者不究其致此之由卽盡力以挽之天豈能應之哉

廬江毛義少苦節以孝行稱南陽張奉高士也慕其名往候之坐定府檄適至以義守安陽令義奉檄而入喜動顏色奉賤之固辭去及義母死去官行服自後公府徵聘俱不至奉乃嘆曰

賢者固不可測向者之喜爲親屈也

汝南薛包好學篤行及父娶後妻憎包分出之包日夜號泣不能去至被毆杖不得已廬舍外旦入而灑掃父怒又逐之乃廬於里門昏晨不廢積歲餘父母信而還之

錄曰史稱若二子者推至誠以爲行行信於心而後能感於人遂以成名於後世受祿致禮於當時可謂能顯親者也

陸績爲掾其母治家有法楚王英謀反事連績詣詔獄嚴其母自家來無緣相見但作食饋績績對食悲泣不自勝使者詰其故曰知母遠來不得見故悲耳問何以知之曰母截肉未嘗不方斷葱以寸爲度今所餉羮非母莫能調也

蔡順少孤養母順嘗出求薪有客卒至母望順不還乃噬其指順卽心痛馳歸跪問其故母曰有急客來吾噬指以悟汝耳

錄曰愚觀陸母之餉羹與蔡母之噬指可以驗天性之至信矣夫中饋家之所尚膚體子之所同惟所尚故雖終食之間不敢違其親惟所同故一舉足之際不敢忘乎母非若他人必待乎而後信者比也

按孝爲百行之首夫人能孝則推廣此心將五倫五常莫不可由此純全無疵然亦有不克充類者如吳孟宗魏王祥晉劉殷皆稱孝感格天傳之史乘乃宗嘗孫綝廢立時爲告太廟祥靦顏仕晉位三公殷受人餽遺不謝旣被成

都之徵爲軍諮祭酒又復反身事漢貴爲國戚何竟不能移以作忠哉夫一行之至足掠百世之名一念之差直詒終身之玷故修巳當務其全而觀人必於其竟若阮籍達士而爲司馬昭作勸進表馬融大儒而代梁冀草殺李固疏行與名違又在楊子雲蔡伯喈下矣

唐書太宗諱世民高祖第二子母曰太穆皇后竇氏隋開皇十八年十二月戊午生於武功之别館年始四歲有書生謁高祖曰公貴人也見太宗曰龍鳳之姿天日之表年將二十必能濟世安民高祖因採其言命名曰世民

錄曰孟子曰五百年必有王者興其間必有名世者自漢高

至唐五百餘年中更晉宋齊梁陳簒逆者六七作朝廷無百年之運四海有瓜分之擾至隋甫能統一然亦以簒始必以簒終皇矣之鑒欲致者屢矣此濟世安民之言確然可信不必徵諸異人而實本於至理也

按書生之言信矣高祖既採其言以命名太宗必習聞其說而自負二十年內處心積慮無非欲實其言晉陽宮人之擧六月四日之事皆因此言而發獨是龍鳳之姿天日之表豈是人臣之相高祖既驗其言而不置以爲後以致喋血禁廷則於深信之中或亦有未信者存邪

貞觀十七年詔長孫無忌房玄齡李勣與褚遂良定策立晉王

治爲皇太子時有飛雉十數集宮中太宗問是何祥遂良曰昔晉文公時有侲子化爲雉雌鳴陳倉雄鳴南陽侲子曰得雄者王得雌者霸文公遂合諸侯始爲寶雞祠漢光武得其雄起南陽有四海陛下本封秦故雌雄並見以告明德帝悦曰人之立身不可以無學遂良所謂多識君子授太子賓客

錄曰晉王名治小字雉奴遂良豈不知之哉飛雉之集太子之瑞也顧謂告秦明德則迂矣此天與之信不待諄諄然命之也

天后時睿宗爲皇嗣公卿希復得見太常工人安金藏給使得進俄有誣皇嗣異謀者后詔來俊臣問狀左右畏慘楚欲引服

金藏大呼曰公不信我言請剖心以明皇嗣不反引佩刀自刺腹中腸出被地眩而仆后聞大驚輿致禁中命醫內腸縷桑楮紩之閱夕而蘇乃臨視嘆曰吾有子不能自明不如爾之忠也即停獄睿宗乃安景雲時玄宗詔鑱其名于泰華二山碑以爲榮卒配饗睿宗廟庭

錄曰安金藏雷海清皆工人也或能伸父子之大信於酷焰炎灼之時或能抱君臣之至痛於凶虐滔天之日視死如歸乃其素耳頗乃絶而復蘇裂而復續卒至名鐫泰華勞配闕廷古今以來罕所聞也

宋史大祖姓趙氏名匡胤父名弘殷周檢校司徒岳州防禦使

母杜氏生帝于洛陽夾馬營赤光滿室營中異香經宿不散人謂之香孩兒營後唐明宗登極之年每夕於宮中焚香祝天曰某因亂爲衆所推願天早生聖人爲斯民主明年太祖實始應期而生及長容貌雄偉器度豁如識者知其非常人

錄曰按五代史云世道衰人倫壞而親疎之理反其常干戈起於骨肉異姓合爲父子開平顯德五十年間天下五代而實八姓其三出於丐養天故篤生宋祖以定萬世父子君臣之分而其降生之異受命之符蓋有不期然而然者豈不較然爲可信哉

按自天寶後安史始亂繼以藩鎮跋扈爭雄角鬬沿至五

代二百餘年戎馬交馳悉索敝賦民當其際蓋無復生人之樂矣天心仁愛下民豈忍久聽顛連縱無明宗之祝自當鑒觀求莫出此湯火况明宗言出至誠勤懇不懈是以宋祖應運挺生以開三百年太平之治不可謂非一念之誠所感也生長邊地不識詩書而公天下之心直與堯舜同量觀此則知事由倉卒將士推戴雖素有大志而與石郭輩乘時徼倖早積慮以覬覦神鼎者迥不侔矣

先是周世宗嘗於文書囊中得木長三尺餘題云檢點作天子及陳橋之變遣楚昭輔入汴慰安家人報曰檢點已作天子杜太后聞之曰吾兒素有大志今果然矣

錄曰後世因太后此言遂病太祖陰蓄不臣之志豈其然哉蓋檢點之言中外聞之已久后至是始信其然耳非若唐太宗時高祖不得已而曰今日破家亡軀由汝化家爲國亦由汝是故觀杜后之言有據而喜詳唐祖之意有挾而懼懼者因事在未然喜者因事之已定理勢之所各至豈可以此而議其素志哉

太后疾亟問太祖曰汝知所以得天下乎太祖嗚咽不能對固問之曰皆祖考及太后之積慶也太后曰不然正由周世宗使幼兒主天下故汝得至此汝百歲後當傳位汝弟光義光美以至德昭國有長君社稷之福太祖頓首曰敢不如教就命榻前

爲約誓書之藏於金匱命謹密宫人掌之

錄曰后之一言遂貽兩世太平之福苟唐之初年而有此誓何至喋血禁庭乎惜乎鄙夫以一巳患得患失之心而害萬世大公至正之論遂使光美德昭之言不注於信史而裴於雜說當普出鎮河陽時曾有表自愬安知當時果不議皇弟盧多遜又譖普無立太宗意則普勢益危觀其一則曰願備禁軸以察變再則曰陛下豈容再誤廷美居西京非便種種酷謀皆由固寵結歡之心所發而帝方倚爲社稷臣惡屣之不去招之不來者羞引爲同類也

按周亡於幼君而實亡於范質王溥輩顧命非其人也使

得如呂端韓琦者陳橋之事何自而有哉杜后婦人但見目前而不知春秋宋殤公吳王僚故事就使如命序立而太祖立十七年太宗立二十二年光美再繼一二十年則德昭當已老耄倦勤而可式覩新政乎奚當時不此之計也至燭影斧聲之說本無可疑自古悖逆之事必有逼之使然陳夫人不訴楊廣本無異謀潘淑妃不告劉劭未便舉事今杜后雖狥私心冀傳次子而藝祖恪遵顧命以神器授弟實出至公開寶之末世次已定何嫌何疑而萌此念即嗣位之初廷美尹開封德昭稱皇子尚未有背盟之意况史書燭影係晉王譏讓斧聲屬太祖自引戳地紀載

最明論者特因其後事而甚之云爾

英宗初皇太后同聽政兩宮有違言傅堯俞頗聞內侍任守忠等共爲讒間乃上疏曰天下之可信者莫大於以天下與人亦莫大於受天下於人朝廷今日無他惟誅竄讒人則慈孝之聲並隆於天下於是斥逐守忠等太后還政權然母子如初

錄曰韓之言危當時人皆知之傅之言密一時或不知之蓋以違言出於讒間讒間由於猜疑猜疑遂生不信始於較毫釐之小節終於棄莫大之至恩其或不然亦往往能碎千金之璧不能釋破釜之疑苟非金玉君子其能言而必信乎

按英宗初立時慈壽皇太后忽一日送劄與韓魏公琦所

諭及上與高后不奉事有爲孀婦作主之語仍敕中官候報公但曰領聖旨一日入劄子以山陵有事取覆乞晚臨後上殿獨對謂官家不得驚動有一文字須進呈說破只莫泄上今日皆慈壽力恩不可忘然既非天屬之親但加意承奉便自無事上曰謹奉教又云此文字臣不敢留幸宮中密燒之若泄則讒間乘之矣上唯唯自是兩宮相歡泯於無跡人但知後來英宗得疾失歡韓歐二公調劑之事而不知其初即有隙端也非此日消弭未形後日又奚能救療哉

孫傅爲人篤信守法嘗對上言祖宗法惠民熙寧法惠國崇觀

以來法惠姦時謂確論後欽宗詰金營以傅輔太子留守金人復索之傅諜取其狀類者殺之以獻衆莫肯承其事傅拊膺大慟曰彼雖不吾索吾當與主俱行會其子來省叱之曰使汝勿來吾已分死國以全吾信汝來何益揮使亟去子亦泣曰大人信以殉國兒復何言遂以留守事付王時雍而去

錄曰下宮之難死者衆矣而卒能存孤者厥代之也幸而康王猶在尙天不慭遺朱其不祀矣蓋天厭奸邪已極若欲除舊布新復還藝祖之國祚而後紹述之踪始滅紹述之踪滅而惠姦之政亦除其衆之不從乃天意非人心也

高宗母韋氏位賢妃從上皇北遷建炎初遥尊爲宣和皇后後

加尊皇太后帝嘗泣諭輔臣曰太后春秋高朕思之不遑寧處朕有天下而養不及親宜立誓信明言歸我太后朕不恥和不然朕不憚用兵適金遣蕭毅來議和帝語之曰太后果還自當謹守誓約如其未也雖有誓約徒爲虛文及命何鑄曹勲報謝復召至內殿諭之曰朕北望庭闈無淚可揮卿見金主當曰慈親之在上國一老人耳在本國則所繫甚重以至誠說之庶彼有所感動鑄等至金再三懇請始允

錄曰帝之本心於是畢露矣乃責之以迎還二聖恢復中原千言萬語不過一長說耳何者愛博一也得失二也利害三也是三者根於其心人莫得而移之也人但見父兮生我而

莫知三十一人之衆則與一子一母者孰親且以貌類將種
失其煦育之恩則與膚體相連者孰切苟父兄如在不過一
王爵而已其與父天母地握乾履坤臣妾億兆指揮萬乘者
孰得京師已復不過一南面而已其與笑傲湖山恣情險阻
南人自南北人自北者孰利雖至親如匹耦不以爲念何者
母一而已人皆后也此帝之本心如鑑之明故其信誓如日
之皎夫安得而奪之哉

按二帝諸后諸王及六宮有位號者並從金兵北行以高
宗請之甚勤於紹興十二年韋太后始歸與徽宗鄭后及
邢后之柩俱至江南二十一年巫伋至金請靖康帝金主

謂曰不知歸後何處頓放伋唯唯而退三十一年金使王全來言趙桓已死始發哀成服直至孝宗隆興六年趙雄往請山陵金責以不請欽宗靈柩明年乃葬之鞏洛之原以一品禮夫陵寢爲金所發泰陵暴露宜諭使方庭實至解衣覆之請之自不可緩然當是時諸將皆已班師而諄諄奉迎屬意止一母后欽宗頓放不素定於使臣之胸而隱刺於金主之口鹵莽請之則亦鹵莽已之要其意中總無有也已往之柩遲遲不歸德壽嗣位高宗尚在旣聞趙雄之語而且愁然聽彼之葬之也其肺肝見諸行事矣何煩更窺其心哉

隆祐太后生辰置酒宮中后泣謂高宗曰吾老矣切有所懷為官家言之吾逮事宣仁聖烈皇后聰明母儀古今未有其比昔者姦臣肆為謗誣雖嘗下詔明辨而國史尚未删定豈足傳信吾意先后在天之靈不無望也高宗悚然乃詔重修

錄曰宣仁之知隆祐如歲寒松栢遇變而莫能改也隆祐之辨宣仁如嚴冬氷雪見晛而莫能留也有如是之婦而不負如是之姑此天所慭遺一老俾守我王者也嗚呼生稱女中堯舜没為被謗宣仁京與惇之罪可勝誅哉朱墨之史惜乎晚矣

按有宋賢后高曹向孟並稱而孟后行事不少槩見惟兩

度垂簾一當邦昌僭僞一當苗劉叛逆皆屬禍患頻仍有
功宋社甚大至爲宣仁辨誣尤屬遠見倘非重修國史忠
佞情僞灼然著明何以取信百世宣仁賢淑諸語直燭後
來并若預爲巳地者惟賢知賢信然

范氏自鎮至祖禹比三世居禁林士論榮慕元祐中祖禹修神
宗實錄大書王安石之過安石壻蔡卞惡之坐謫死嶺表至是
高宗詔重修神哲兩朝實錄乃召祖禹之子冲爲宗正少卿兼
直史館謂曰兩朝大典皆爲姦臣所壞故以屬卿冲爲考異一
書明示去取舊文以墨書刪去者以黃書新修者以朱書世號
朱墨史又爲哲宗辨誣錄由是二史皆得其正先是宣仁太后

崩中外洶洶人懷顧望莫敢發祖禹上疏曰先后以大公至正爲心罷安石惠卿所造新法而行祖宗舊政故社稷危而復安人心離而復合日夜苦心勞力立太平之基願陛下恭已以臨之虛心以處之則羣臣邪正萬事是非了然於聖心矣章累上不報至是始信其言云

錄曰愚觀朱墨之史不獨宣仁之幸抑亦范氏之幸也其父以實錄詆誣遭貶而死其子乃辨正所誣別白而書使一時之事如日之閉於重陰而復光一家之中猶槁之噓於煨燼而復蘖可見天理人心至足憑信而是非邪正眞莫能移未定者一時昭著者萬世人可甘心一時而忽棄萬世哉

按史闕勸戒紀載必真乃國史每多避忌闕畧或反增飾美詞稗官野乘則務取新人耳目罔顧顛倒是非至本家碑志狀述與文人傳序銘贊大半藉端鶩虛韜瑕襲美若雜取成編豈得傳為信史況參觀互考更有矛盾不合如國策載魯仲連射書聊城燕將罷兵倒轡而去史記謂燕將見書自殺唐太宗以威鳳賦賜長孫無忌許敬宗修本朝史私其姻婭謂賜尉遲恭賈緯撰五代史誣桑維翰死後家餘銀八千鋌衆心憤閧不得已改八為數諸如此種不可枚舉不特下等所修之失實也夫一字善惡判其人之畢生而不朽於累世豈可輕於行墨即使異時或有証

明而已啟人疑惑況事久難辨百不得一者哉朱墨重修
非止爲功一時實千秋之幸也祖孫父子相繼爲史固
難祖孫父子同德一心克象其賢能紹先業更爲難事彼
劉向子歆雖才過其父而行不如設令掾管哀平之書寧
足昭垂勸戒信乎筆削之選當以心術爲先也
陳瓘爲左司員外郎權給事中曾布使客諭以將即真瓘語其
子正彙曰吾與丞相議事不合今欲以官爵相餌若受其薦進
復有異同則公議私恩兩愧矣吾有一書論其過將投之以決
去就但郊恩不遠彼不相容則澤不及汝矣正彙願得書省布
布大怒遂除名竄袁州正彙在杭復告蔡京有動搖儲宮迹乃

執送京師獄併逮瓘開封尹李孝壽逼使證其妄瓘曰正彙聞京將不利社稷傳於道路瓘豈得預知以所不知忘父子之恩而指其爲妄則情有不忍挾私情以符合其說又義所不爲京之姦邪瓘固嘗論之亦不待今日語言間也又嘗著尊堯集謂紹聖史官專據王安石日錄改修神宗史是非不可傳信至是宰相命石悈執瓘至庭將脅以死瓘大呼曰今日之事豈被制旨邪悈始告曰朝廷令取尊堯集爾瓘曰使君知尊堯所以立名乎葢以神考爲堯主上爲舜取舜尊堯何得爲罪時相學術淺短爲人所愚君亦不畏公議邪悈始慚退

錄曰范冲之所修南與北異代也陳瓘之所著京與卞同時

也然則國史可改而人心不可改廟堂可畧而草野不可畧
一時之凶威可畏而萬世之公論亦可畏君子之所信者惟
此爾若乃父信其子令投書以决其去子信其父願得書以
正其姦寧舍郊恩而不忍違其父寧坐誣罔而不忍証其子
斯固人情之至而實邦家之光也如是而繩人無愧也已
按京之姦瓘屢論之正彙之賢瓘素知之於此而稍合其
說亦於我心無所違公論無所拂乃以知之未審不敢附
和恩義兩言可爲處君臣父子變故間大中至正之道時
內侍黃經臣涖鞫聞其辭猶失聲太息而徽宗皆惑卒使
父子並竄錯亂如此何以長治是知正人君子當禍患之

來惟在信之於心苟有纖毫未安自難形之言動彼護私
而妨公固由其見之淺即狥君以諡子亦豈得道之中哉
趙鼎自潮徙置吉陽軍子汾力乞侍行公不許曰紹聖初呂大
防謫嶺南惟一子景山愛之不令同行而景山堅欲從旣至虔
將過嶺呂顧其子泣曰吾老矣死何足惜汝幼何罪欲俱死瘴
鄉邪我不若先死令汝護喪歸則猶幸有後遂縱飲而死吾不
令汝侍行亦此意及至潛居深處會降旨本軍月具存亡申省
乃復呼其子至曰檜必欲死我不爾禍及一家自書墓誌并除
拜年月仍題云身騎箕尾歸天上氣作山河壯本朝遂不食而
死汾護喪歸守臣章傑知平時中外士大夫與公簡牘往來今

適會葬必攜酒醪可為奇貨亟遣下縣兵以搜私釀為名馳往掩取縣尉翁掌之書片紙走僕自後垣出密告汾盡焚篋中書及弓刀之屬比官兵至無所得檜憾猶未已諷御史徐嘉論汾與宗室知泉州令衿飲别厚贐必有姦謀詔送大理獄使汾自誣與張浚李光胡寅胡銓等五十三人謀大逆獄成而檜病不能書獲釋鼎與子之言無不信云

錄曰愚觀趙忠簡臨没之言果可信乎孟子曰其為氣也至大至剛以直養而無害則塞乎天地之間天地尚可塞山河獨不可壯乎惜乎不能順受其正也死人之大命也縲絏桎梏與夫巖墻溝瀆顧吾審處何如耳苟得其正則雖縲絏不

爲罪桎梏不爲辱不得其正則與巖牆溝瀆相等奈何而以不食死也家者外物易得也身者在已難得也與其顧吾之一家寧惜吾之一身檜雖凶焰可畏幸而吾身尚存安知不如章傑之捕令衿之獄乎抑微仲與元鎮拳拳顧息其子曾不若田晝之責鄒浩豈其老而戒得乎不然縱飲之與不汗非嶺海之外能生死人也

按豐公薑桂之性至老愈辣屢經貶竄倔强猶昔剛大之氣洵有素養是以中與賢相推李忠定第一而公名與之齊至使遠人南來必問安否非忠義著服烏能得此其設爲措置大而不疎正而不褊亦非張魏公之所可及然公

既深識檜姦以規魏國及與同事亦以檜爲善而薦之於帝卒爲所賣賚志以殁合觀司馬温公之於蔡京寇萊公之於丁謂甚哉小人之善媚而難測也方是時胡忠簡謫監廣州鹽倉其守張隶承檜風旨論銓罷望編管海南而擢隶提舉隶至官一日暴亡閩人倪晉聞隶以巧中遷客驟得使節適洪忠宣在英州晉捕其家奴下獄醖釀其罪未發而晉死亦與汾之得釋相同天道豈果無知者邪

又按君子三戒在少壯時人情大抵皆然獨是血氣既衰人不必盡君子而在得之戒可自無也何也凡人貪得其欲不過數端上之以豪華雄州里藉以信然諾拯危急博

仁人義士之名次則多財自快廣結交遊躋膴仕躐高資役鬼通神唯意所向其下極欲窮奢爲宮室僕馬便嬖之奉觀游酒食聲色之娛總由年富力强志猛心鋭事事可以勝人故必待牀頭黃金方能指揮如意倘非見利而趨臨財則苟何由致此若夫年齒就衰精力日減人世消長變遷之故飽經目中畢生紛華玩好之端久厭身歷侈願業已索然得之何所於用其廻思曩日自悔爲財所悞者有之矣豈有前此介然寡營而反日夜持籌求田問舍於桑榆之際者乎況鐘鳴漏盡爲時無幾將欲爲子孫計而損智益過賢與不肖皆於遺之有累中智以上所不爲也

故人當血氣既衰非惟不當得者决不進惑垂涎即義所應得亦必逡巡退讓游心淡泊寧靜之途以爲安身立命之所豈不優然有餘裕哉唐裴寬自尚書罷歸見張建封坐柳下與語相得即以金帛寶器奴僕舉船贈之東漢梁商爲大丞相致仕以所得俸錢及兩宮賜予悉置中門外分俵昆弟年凶穀貴令蒼頭輦載米粟往城四郊散與窮獨東坡卜居陽羨傾友人醵金買屋而一聞嫗泣立時折券以還後之君子率皆曠達如是則多藏爲害或唯下愚不知豈號爲君子而猶欲以是爲戒哉吾知其不必然已

弘道錄卷之二十二終

弘道錄卷之二十三

明刑部員外郎仁和邵經邦弘齋學
皇清詹事府少詹事四世孫遠平補案

夫婦之信

書堯典我其試哉女于時觀厥刑于二女

錄曰堯之試舜不獨於其所勉而於其所忽勉焉者朝著之上也忽焉者衽席之間也是故二女同居而志不同行者衆人之常也刑于寡妻至于兄弟以御于家邦者聖人之獨也然必如之何而後謂之刑哉必相敬如賓而禮義生也必尊卑有序而上下和也必剛柔不紊而妬忌遠也必動靜不違

而內外洽也此玄德升聞卽莫見莫顯之實而溫恭允塞迺戒謹恐懼之微孰謂重華之治不自愼獨中來邪不然何以曰舜可禪乎吾茲試矣

按舜徽庸以前師旣錫之於帝岳復陳說其詳而猶愼重歷試不輕付畀爲天下得人葢若斯之難也後世以征誅之事數見不鮮而乃引周公之居攝復引唐虞之禪讓曹魏偏之晉宋而下以至唐宋正統間亦倣之彼自以爲取法乎上而不知堯舜之時豈有如此苟且輕相授受之理後人規摹無不援古乃以至重至大之事最公最美之名竟爲惡逆文飾游戲之具他可知矣燕噲於子之雖不得

人而與之之心自出乎誠數姦雄者曾子之之不若輒敢

上擬虞舜其罪可勝誅哉

詩召南厭浥行露豈不夙夜畏行多露誰謂雀無角何以穿我屋誰謂女無家何以速我獄雖速我獄室家不足誰謂鼠無牙何以穿我墉誰謂女無家何以速我訟雖速我訟亦不女從

錄曰女子何以是懼乎曰歸妹愆期遲歸有時夫美如桃夭而不冶貞如堅石而不移女子自守必待嬿婉之求也惟士亦然氣如白虹而不劌精神見於山川而不華君子抱道必待明良之會也觀傅說之胥靡管仲之堂阜叔向之縲紲王魏之反讐何期不召至於獄乎此人才困頓之憂女子强暴

之懼自古所同然也

按行露之旨與摽梅䙵同大有欲速之意聖人曷以取之葢女子雖以自售爲賤亦以無家爲恥男女居室先王之制豈可愆歸妹之期乖及時之願庸愚過愛其女擇對不嫁多致老少失宜生育鮮鸃孤寡之痛召怨氣之沴爲人父母抑獨何心唐時門第相高崔盧王李重索聘貲稱賣婚家人不能娶若偶小姓宗族又起而排擯之甚至女大無夫潛囊其女夜置里中無婦男子之室冀其收配以爲幸者典言及此能不慘惻夫道始於夫婦化基乎刑于民無鰥曠物咸得所此所以成隆古之治也聖人著之於

經其示後世深矣

邶風仲氏任只其心塞淵終溫且惠淑慎其身先君之思以勗寡人

錄曰易之歸妹曰眇能視以莊姜之賢而遇衛莊公之暴自明者觀之幾欲抉目而去其翳也而乃有先君之思暴與不暴安在哉又曰利幽人之貞以戴嬀之子爲己子而遭州吁之逆人之去之不啻覆几而藏其豚也而乃終小君之位逆與不逆安在哉是知貞可以格天順可以履變易有信及豚魚詩有我心匪石昭貞順也

按莊姜仲氏之賢固顯著矣然衛莊究非晉獻齊桓比也

其寵嬖人未聞匹嫡其愛州吁未聞踰亥不然夜半一啼
而羣公子出奔如夫人六人而不近人情者進用五公子
爭立將先見之衛國矣是則莊雖狂蕩而其心尚知敬莊
姜畏國典故石碏猶能以請老之臣成討逆之績也戴嬀
陳女州吁既戕其子而大歸于陳奈何不察而如陳就死
安知非莊姜仲氏設穽以待之乎蓋至是而戴嬀之心慰
矣莊姜之悲終風而傷日月蓋預知有今日哉

鄘風汎彼栢舟在彼中河髧彼兩髦實維我儀之死矢靡他母
也天只不諒人只
錄曰愚觀共姜自誓之詩而知貞與天通人而不由也則可

以知其人信與鬼合父而不違也則可以知其父蓋身體髮膚之可同者人也人則易見聲響志氣之所感者天也天則難知宜乎父母欲奪而嫁之也

列女傳貞姜者楚昭王夫人王出遊留夫人漸臺之上及江水至王聞遣使迎之而忘持其符使者至夫人曰王與宮人約令召必以符今不持符妾不敢從使者曰今水方大至還而取符則恐後夫人曰妾聞之貞女之義不敢犯約守一而已於是使者往取符俄水大至夫人流而死

錄曰婦人從一而終夫所謂一者非必一人也凡一端一節一約一信皆是王既約以符矣符且不至姜之命索盡乎何

爲其不諒我心也然則其死與不死存乎怠與不怠之間此君子所以篤信好學守死善道設若可存可亡可召可棄則豈君子之謂哉

按人君一遊一豫當使天下後世可法楚昭漸臺之遊史無明文大約玩物逞志所以來吳兵之入郢也必如孟子所引晏嬰之言而因時制宜法巡守以飭侯度省風俗以齊民志勸耕稼以厚民生閱將士以壯軍實而又簡約扈從自備糗糧蠲賦清刑矜民紓力則市不易肆隴不輟耕閭閻無不達之情草野沐休助之慶民風以醇吏治日懋頌聲作而怨咨泯民惟恐上之不出遊耳後人論漢武轍

跡幾徧天下而神器晏然由其雄才大畧柄自己操之故宋太祖數微行而曰有天命者任自為之未免蹈漢成唐宣之故習豈開創之良規乎

漢書呂后父呂公者善相人見高祖狀貌敬信之曰相人多矣無如季者願季自愛臣有息女托為箕帚妾呂媼怒曰公始奇此女云與貴人沛令善公求之不與何妄許季乎公曰此非兒女子所知卒與季是為呂后生惠帝魯元公主初與兩子居田中有老父過相后曰天下貴人也見惠帝曰夫人所以貴者乃此男也老父已去高祖適從旁舍來后具言狀乃追及之老父復曰鄉者夫人兒子皆以君君相貴不可言高祖謝曰誠如父

言不敢忘德

後漢和熹鄧皇后太傅禹之孫父訓母陰氏光烈皇后從女弟也后叔父陔常言聞活千人者子孫有封兄訓爲謁者修石臼河歲活數千人天道可信家必興初選入宮爲貴人及陰后漸疎遂造巫蠱欲害后會帝寢疾陰后密言我得意不令鄧氏有遺類后聞乃對左右流涕曰我盡誠心以事皇后竟不爲所祐甘心誓死卽欲飮藥宮人固止之紿言上疾已愈后信之明日帝果瘳後陰后以巫蠱事廢帝屬意語有司曰鄧貴人德冠後宮遂立爲皇后

錄曰帝王之興必有天數矧二后敵體至尊又皆君臨稱制

故於天意亟有徵驗非但掖庭之寵可比也卒以內助之奇中益堅沛公之素心而外道之邪謀適啟鄧氏之隆盛天道益可信矣

按呂鄧二氏其先以得后爲慶其後皆以后故殃及子孫不如不后之爲愈也呂雖悍然高帝欲易嗣子后不恃與同艱苦之恩出言强諫又任朱虛侯爲呂氏畏憚無有恐憾欲封產祿先問大臣均爲識體乃鄧后初若賢德而貪戀權勢利立幼君諸臣奏言還政皆遭罪戮弟康絕屬籍成翊抵罪杜根囊撲至死何前後之相違也使得常如在陰后時戰兢小心詎復詒身後之禍哉

淮陽陳孝婦年十六而嫁未有子其夫當行戍囑曰我生死未可知幸有老母無他兄弟備養吾不還汝肯養吾母乎婦應諾夫果死不還婦養姑不衰其父母哀其年少無子將取而嫁之孝婦曰妾聞信者人之幹也義者行之節也棄託不信背死不義與其載於地而生寧載於義而死且以養人老母而不能卒許人以諾而不能信將何以自立於世因欲自殺其父母懼遂使卒養其姑姑死葬之終奉祭祀

錄曰孝婦一戍妻耳自漢至今傳之幾千百年向無信義豈不與草木同腐哉一時之榮枯甚微萬世之節孝實重嗚呼以是坊民猶有食君之言負已之諾背人之約如詩所刺聽

言則對誦言如醉者可慨也夫

沛郡劉長卿妻同郡桓鸞之女也生一男五歲而長卿卒妻防遠嫌疑不肯歸寧兒年十五又夭妻慮不免乃豫刑其耳以誓信宗婦相與愍之曰若家殊無他意假令有之猶可因姑姊以表其誠何至輕身之甚哉對曰昔我先君五更學爲儒宗尊爲帝師歷代不替男以忠顯女以貞稱詩云無忝爾祖聿修厥德沛相王吉上其奏朝廷旌之號曰行義桓嫠

南陽陰瑜妻潁川荀爽之女也名釆產一女而瑜卒釆時尚少後同郡郭奕喪妻爽以釆許之爽詐稱病篤釆不得已歸懷刃自誓爽勑衛甚嚴遂之郭釆僞爲歡悅狀謂左右曰我本立志

與陰同穴而不免逼廹以至此素情不信奈何乃命建四燈盛
裝飾請奕入見奕敬憚之不敢逼至曙而出釆既入室而掩戶
以粉書屏上曰尸還陰氏遂以衣帶自縊

錄曰二女皆出名家表儀斯世爽廼不信其女自貽伊戚吁
可惜哉釆之不改初誓眞有謂余不信有如皎日之風雖然
與其言笑晏晏僞爲歡悅之色何若信誓旦旦以貞志於未
然乎此荀之從權而死不如桓之守正而生也

魏書曹爽從弟文叔妻譙郡夏侯文寧之女名令女文叔蚤死
自以年少無子恐家必嫁已乃斷髮爲信居止常依爽及爽被
誅詔與曹氏絶昏彊迎令女歸時文寧爲梁相憐其少又曹氏

無遺類乃微使人諷之令女嘆且泣以刀斷鼻蒙被而臥其母入室呼與語不應發被視之血流滿牀席舉家驚惶意乃且或謂之曰人生世間如輕塵棲弱草何辛苦乃爾令女曰聞仁者不以盛衰改節義者不以存亡易心曹氏全盛之時尚欲保終況今衰亡何忍棄之禽獸之行吾不爲也

錄曰義理之在人心達人鉅公與婦人女子宜乎有間而反相戾何也道上之汙潦指者甘之沸鼎之羹垂涎者饜之若乃山下之泉其清自若也太羹之味其質猶存也匹夫匹婦之心可以動天地貫金石而百官朝著之間曾不若弁髦土梗然此君子所深嘆也

按懿爽同受顧命夾輔幼主爽爲宗室世臣而懿不過以勳貴同事包藏禍心忌爽非一日矣爽才雖不逮懿然當權用事時懿不敢抗至稱疾以避逮爽殁而幼主已不能保其位馴至篡立爽亦有功於魏哉史稱爽服食擬乘輿珍玩過太府取宮人爲伎樂作窟室而縱酒諸事大都過寔未可盡信即令女數言不惟慚汗乎二心之臣而凡爲趨時附勢反覆異同之流稽其行而定其名皆不得比於人類矣曾是而莫之省乎

晉書虞忠妻孫氏權族孫女也忠亡誓不改節撫孤潭童幼訓以忠義永嘉末潭爲南康太守値杜弢叛率衆討之孫傾貲產

以餽戰士潭遂尅捷及蘇峻亂潭守吳興假節征峻孫戒之曰吾聞忠臣出於孝子之門汝當舍生取義勿以吾老爲慮仍盡發其家僮助戰貿其所服環佩爲軍資遂拜武昌侯太夫人加金章紫綬潭立養堂於家王導以下皆就拜謁卒年九十五帝遣使弔祭賜謚曰定

錄曰婦人之有謚古未之聞也以孫之純行不爽謚之曰定誠無忝矣蓋惟其効夫也誠故其教子也篤守節也堅故其享壽也久歲寒知松栢其定夫人之謂與

按盈其實而後享其名劭其德而始安其壽此天之道理之常也虞母兩遭叛亂竭力以輔征討其心苦其志堅矣

故能以郡守即致封侯尊養有加榮哀兼備福慶出於憂危歡娛由於屯難天下至快之事必貞之至困之中故沾體塗足乃有逢年之樂焚膏繼晷始致稽古之榮彼夫不稼不穡而希三百禾廛或作或輟而冀獵名倖取猶夫廝養賤夫方入券於朱門不耐奔走之勞且聰臂指之使而徒目擊心艷鞅望於鸞篦綠褥之不及也此僮豎之肺腸曾士君子而顧傚法之哉

唐書太穆順聖皇后竇氏父毅在周爲上柱國尚武帝姊襄陽公主入隋爲定州總管神武公后生髮垂過頸三歲與身等武帝愛之養宮中異他甥嘗謂主曰此女有奇相且識不凡何可

妄與人因畫二孔雀屏間昏者請射二矢陰約中目則許之射
者閻數十皆不合高祖最後射中各一目遂歸之
錄曰匹配之道非惟夫擇婦婦亦擇夫及其至也莫不有一
定之分詩所謂天作之合者也晉隋之際巧藝如堵畫屏之
雀比之貫虱特易易耳而卒中雙目乃神堯之主固知天所
一定非人力可强求也其後長孫后之圖昏因以知太穆之
奇子二帝二后媲美同德追覩連交二提豈偶然哉
太宗密問太史令李淳風秘記所云信有之乎曰臣仰稽天象
俯察曆數其人已在宮中爲親屬自今不過三十年當王天下
其兆既成矣上曰疑似者盡殺之何如對曰天之所命人不能

違且王者不死徒多殺無辜但自今已往尚三十年其人已老庶幾頗有慈心爲禍或淺今借使得而殺之天或生壯者肆其怨毒唐子孫無遺類矣上乃止

錄曰假令沛公死天下其無沛公此權謀之言也借使得而殺之天或生壯者此術數之言也夫行一不義殺一不辜而得天下有所不爲三代之所以本支百世用此道也太宗於不義之事不辜之戮何所不爲天所以報之者一間耳以帝之英明剛斷能料事未然一宮中親屬不可推而得之邪故知天意所在人不能違與其計利害之大小不若論義理之得失君子之可信者以此

按曆數之術人甚神之然頗有不盡然者周家卜年七百而過其曆晉武探筴得一亦越數傳使太宗而能窒欲則士彠之孤女何因得入掖庭使高宗而能窒欲則在寺之優婆何故令其蓄髮高宗益習見明母之可寵故不憚於才人之册立也夫匹夫一念之善尚可挽回造化如謂歷年修短定關曆數則是勵精之主調爕之佐同心勠力之臣皆屬無益不且長媮安苟且之心也哉況未來渺茫誠難臆度高齊以亡齊者黑衣燒殺上黨王渙等而仍爲黑獺子孫所滅周世宗以點檢作天子去張永德而不疑宋祖元魏道武開時術士言必殺清河萬人方可免咎而不

知乃愛妾倖臣之名卒中其害由此觀之雖屬神驗寧可
據以爲斷是以長國家者必務修德弭變毋徒濫刑以爲
靖亂之術也

東都裴尚書寬子孫衆盛天后時宰相魏玄同選尚書之先爲壻未成昏而魏陷羅織家徙嶺表比還女已踰笄其家無以資衣食議下髮爲尼有一尼自外至曰女福厚豐必有令配子孫將遍天下宜北歸行至荊門則裴巳齋裝迎矣後生八子皆擢明經任臺省先是寬爲潤州參軍刺史韋詵有女擇所宜歸一日詵登樓見人於後圃有所瘞藏訪諸吏曰裴參軍居也詵問狀答曰寬義不以苞苴汙家適有以鹿肉爲餉致而去不敢自

欺故瘵之誚嗟異許妻以女至日會其族使觀之寬時衣碧瘠而長旣入族人皆笑呼爲碧鸛雀誚曰愛其女必以爲賢公卿妻也何可以貌求人邪栁玭嘗曰今勢利之徒舍信誓如反掌則婓之蕃衍乃天之報施也

錄曰恒之爲卦也聖人久於其道先之以誠腆繼之以直信終則有始是以其道大亨也咸之爲卦也君子以虛受人得其正而相感量其才而求配有感必通是以其道亦亨也方魏氏之罹變也豈暇計女福之豐哉然而長女長男之情未嘗易也一旦剛柔皆應而子姓蕃衍有不待求而得之矣及韋氏之擇婿也亦豈顧族人之哂哉然而篤寔誠慤之義眞

有見也一旦女讖而應而爲賢公卿妻又豈何卜而知之哉可見古人動必以誠事必以信而天之報施亦自不爽豈區區勢利所可及乎

按宋周益公必大長身瘦面狀如野鶴壽皇嫌其福薄初監杭州利劑局局內失火火犯十餘人當死問吏曰此火設起自官應何罪吏曰削職必大遂自誣服罷官歸後竟登庸且享壽考正與裴之報施相似何可以貌貶人邪晏嬰眇小而相齊名顯馬騰魁梧而兵敗身亡人之休咎豈在形軀用人者不必類擇瓜但取肥大遣將者不必選豐厚以爲薄福之人難與成功也至如巫尼之言尤難盡信

魏女幸聽之而不爲尼子孫蕃衍徧天下似矣乃柳渾不用巫言爲僧後亦得壽位且宰相一何大相剌謬邪蓋裴氏世篤行誼天故鍾祥於積善之門凡人一生之倚伏全藉此心之轉移觀於數公之所爲而益信

宋史周渭妻莫荃賢婦人也渭家恭城劉鋹據五嶺渭率鄉人踰嶺將避地零陵未至中途賊起斷道絕糧復還恭城則廬舍煨燼已脫身北上建隆初至京師上書言時務召試賜進士出身太平興國二年爲廣南諸州轉運副使初渭北走時不暇與荃別二子孩幼荃尚少父母欲嫁之荃泣誓曰渭非久困者今違難遠適必能自奮益親蠶織躬碓舂以給朝夕開寶二年南

漢平詔訪求賜錢米存恤之及是凡二十有六年而渭始還故
里與荃相見二子已畢婚娶時人嗟異之
錄曰愚觀莫荃之事而嘆秦漢間之俗之悖也夫蘇秦之婦
一炊尚難買臣之妻信宿不待矧於二十六年之久二子孩
幼之別乎宋室方興化行嶺表故蠻俗爲之一變而渭之復
還不至如位高金多前驅擁篲闢人以治道者嗚呼荃之行
固可傳而渭之賢亦有足多者矣
理宗謝皇后生而黧黑瞖一目父渠伯早卒家益破嘗躬親汲
飪初后祖深甫爲相有援立楊太后功楊德之理宗即位議擇
中宮太后命選謝氏女后獨在室諸父擇伯不可曰即奉詔當

厚奉資裝會元夕有鵲巢燈山衆以爲祥乃應詔后旋病疹良已膚蛻瑩白如玉又藥去目瞖時賈涉女有姝色同在選中及入宮帝欲立賈氏太后曰謝女端重有福宜正位中宮左右亦竊語曰不立真皇后乃立假皇后邪帝不能奪遂定

錄曰自賈涉女有殊色雖詘於衆議未正中宮而袵席之愛孰能奪之於是似道由司倉小吏赴對大廷旋郎軍中拜右相蓄由鴆毒之害生於其心而虎狠之威害於其政卒致趙社丘墟謝后俘辱而帝之顱骨亦不能保其名固賈其禍實眞左右竊語之言與擧伯辭昏之意鑿乎爲可信矣

按楊后謂謝女端重有福要是德深甫而欲貴其後假爲

此詞愚帝非實有確見也婦人之義足不踰閾謝后當垂盡之年不肯自善其終猶欲苟延一息之命甚至舁牀相隨北去豈可謂端重運丁陽九宗社丘墟豈可謂有福惜也多此七年壽耳設令歿於臨安未下之先不易壽春夫人之號則生榮死哀愜然無憾向者之言不幾信而有徵哉若元祐孟后因被廢而不及難兩當變故皆能反危爲安則可謂端重有福矣乃宣仁歎其福薄其言非不有驗然非謝后所得比也

黃龜年未第時家貧自處湛如及應鄉舉有考官李朝旌職本縣尉見龜年大奇之私自語曰安得此郎出我門下既而果與

薦尉喜甚願妻以女後龜年登第歸尉已捐館妻孥與櫬相遇於道龜年哭之使人道意請遂初約尉妻辭曰往事尚忍言哉無祿縣尉淸貧死無私積吾攜百指扶護西歸衣裝斥賣殆盡懼不能達那可議先輩昏先輩第黃甲當結好鼎族吾且行矣龜年垂淚曰吾生已諾死而負之何以自立夫人不念死者言乃作世俗語若遂吾志秋毫自齎不敢聞命遂定昏邂逅間分攜慟哭而別

錄曰劉廷式黃龜年皆不因登第負其初心者彼富易交貴易妻已先喪矣何暇責人乎檜之四疏誠非忌自責也彼常同詹大方者希檜意指以爲趣操不正附麗匪人則時事可

知矣

按龜年之賢出於世俗然非尉之知人尉妻之量巳則龜年之行不顯要皆未免爲世俗者也世俗有女惟知締結目前華胄孰能物色於未第之先且家貧不給者乎當此人亡物故幸得坦腹清華更必喜出非常詡有先見藉是以爲榮假之以有立深冀其後之不可量女之得所歸烏知非百指之有望哉而自揣窮途不敢援附觀其吐辭委婉至情流溢聽之令人矍然起慘然傷昔掌顧盼能不動心故尉妻信之巳而龜年信之人所謂相得益章者爾

邵武志黃氏名淑字致柔建寧三溪人幼通經史能詩文詞翰

俱美適同邑進士王防防爲泗州戸曹卒黃挈其柩回哀毁骨立服除親戚間議改適黃聞之曰何面目見王司戸乎不從竟憂鬱以死臨終囑其妾曰吾所爲詩不忍棄其以殉妾遵以槀置柩中其父拾其餘尚百篇內有詠竹者云勁直忠臣節孤高烈女心四時同一色霜雪不能侵

錄曰愚觀周詩南有喬木一篇凡云不可蓋八未嘗不嘆貞女之自信而人亦敬信之也彼後世蔡文姬李易庵朱淑真寧有此乎是詩黃所自作苟殉人請將安信乎竊恐爲士者雖有是作尚未能盡信也嗚呼可不慎哉

按人有恒言女子無才便是德似乎無非無儀不必見長

於柔翰然自葛覃卷耳以來閨媛之作歷代有傳屢屢抗聲於秦國河激發歌於趙津南鳥北羅何氏擅青陵之築東走西顧竇妻留白兎之章盤中曲陌上桑偕流鴻藻孤燕吟寡鵠操同著堅貞此其婦順覓乎尚矣他如道韞咏松婕妤賦扇葦母繹紗之設文君白頭之吟左鮑兩家擬古競勝蘇侯二氏廻文並垂宋廷棻五女齊名學士劉孝標三妹克配良人誠彤管之翹英爲青緗所紀美乃至白江州之幼女亦刊紫石之書寇萊公之侍兒尚有寒梭之什韋臺賤質柳色偏青巴李貧門榆錢自樂蓋成俗盛於唐代而流風沿於宋元上自金屋之姝下逮綠窗之秀組

文綺錯秃花頡而難窮簧韻珠旋馨湘函而靡數若以才選則埋香掩玉此外不又多乎獨是既熟小山之篇宜諳大家之訓而乃有如樂昌蔡琰淑真清照諸人者望圓全於破鏡寄哀怨乎邊笳有約昏黃楊柳正看月上偏逢驅儈桑榆猶歎時乖則是委絮隨風落葯去節貽羞巾幗之輩播醜聲詩之中反不若匹婦無文得以自藏其拙已黃氏見之志乘雖不僅以詩傳而行與言一詩以節顯論其詩愈欽想其人不特可與魯次室女漆室女爭光比烈卽鬚眉丈夫富於才而絀於德言與行違閱此寧不汗顏也哉

弘道錄卷之二十三終

弘道錄卷之二十四

明刑部員外郎仁和邵經邦弘齋學

皇淸詹事府少詹事四世孫遠平補案

昆弟之信

史記成王與其弟叔虞戲削桐葉爲珪曰吾以此封若史佚命擇日王曰吾與之戲爾史佚曰天子無戲言言則史書之禮成之樂歌之遂封叔虞于堯之故墟號曰唐侯

錄曰柳子曰王之弟當封邪周公宜以時言於王不待戲而賀以成之也不當封邪周公乃成其不中之戲以地以人與弱小者爲之主其得爲聖乎愚謂不然夫古之聖賢善引其

君於當道必因其善端發見之微而成之孟子之論觳觫有以也而况幼冲之君乎蒙之九二曰包蒙吉六四曰困蒙吝夫以幼冲之君其心譬則始萌之物柔弱未固以順正之則直而達以拂逆之則遏而邪故當治蒙之任者必大其含容將順輔導之不置則能成治蒙之功而無往不吉苟其一言之出未至於惡也而遽拂戾之一事之行未至於背也而遽沮抑之則蒙者之心祇見其束縛有不勝其困者而吾之所行亦無往不吝矣夫成王雖有一言之戲適施於同氣之親使爲周公者毅然正其辭色以爲不當封又不當戲則徒畏吾之拘廹其心必轉而向之他矣故曰成之適所以將順之

且使戲言之失泯然不見其迹然後吾之言油然入人之深豈不君臣俱美乎後世有不能就其君一念之微而擴充之專務困蒙以自取悔吝者其於周公又何有焉

按皇極經世載周文王生於癸巳崩於巳巳合九十七歲又十六年而武王崩蓋武十三年伐紂又三年而崩則文崩時武年巳七十有七是文王二十一歲生武王尚有伯邑考居長生子之早固不足異獨是武之於成王叔虞則有大相懸者通鑑編成王之立年十三歲是武王八十一歲生成王也鄭康成又謂文王十三生伯邑考武王八十四生成王不知何據賈誼則言成王少在襁褓之中夫襁

葆者二三歲之嬰稚也是武王以九十餘歲始生成王猶有邢晉應韓諸少子何其生子之遲且多邪且史記云武王納呂尚之女邑姜而生子誦夫後車之載當紂十五年時尚已老安得更有未字之女以作配邪況成王立九年始以桐葉命虞猶言弱小虞與成王同母則果邑姜之所生者邪事雖無關重輕亦考古之疑竇也

左傳僖公二十一年宋人爲鹿上之盟以求諸侯于楚楚人許之公子目夷曰小國爭盟禍也宋其亡乎幸而後敗秋諸侯會宋公于盂子魚曰禍其在此乎君欲已甚其何以堪之於是楚執宋公以伐宋冬會于薄以釋之子魚曰禍猶未也未足以懲

君二十二年夏宋公伐鄭子魚曰所謂禍在此矣冬十一月己巳朔宋公及楚人戰于泓宋師敗績二十三年春齊侯伐宋圍緡夏五月宋襄公卒傷于泓故也

錄曰霸雖以力然亦有道焉曰愛衆睦親之仁曰排難息爭之義曰聲盛致志之勇曰度德量力之智襄公乍會而虐二國之君不仁甚矣始盟而肆圍城之暴不義甚矣創霸而被執伐之辱無勇甚矣屢敗而無反己之明不智甚矣無是數者不知襄公何以求長於諸侯邪譬之市井不逞之徒其囂囂武斷旁若無人也或今日而與一訟明日又與一訟幸而獲勝則欣然自滿不勝則不反諸己且隔別而求勝焉然而

不免縲絏矣刑罰矣猶未足爲懲也必至於大戮而後已焉

宋襄之禍何以異是子魚之言雖筮龜不足憑矣

衛宣公烝於懿姜生急子爲之娶于齊而美公自取之生壽及朔是爲宣姜懿姜縊宣姜與公子朔構急子公命往諸齊使盜待于莘而殺之壽子告之使行不可曰棄父之命惡用子矣有無父之國則可也及行飲以酒壽子載其旌以先盜殺之急子至曰我之求也此何罪請殺我乎盜又殺之國人哀之爲之賦曰二子乘舟汎汎其景願言思子中心養養二子乘舟汎汎其逝願言思子不瑕有害

錄曰古人於當死之際必擇一善以爲成名之地後世則胥

亡而已漢之孝武子史皇孫唐之建成元吉宋之光美德昭均一死也人人得而議之衛之伋壽晉之申生民到於今稱之豈非能擇死所乎或曰君子貞而不諒二子之爭死諒而不貞言必信行必果硜硜然小人哉雖然不諒不果紾兄而奪之食其去數子能幾何哉

檀弓石祁子之父駘仲卒無適有庶子六人卜所以爲後者人謂之曰沐浴佩玉則兆五人者皆如之石祁子曰孰有執親之喪而沐浴佩玉者不從石祁子兆衛人以龜爲有知

錄曰孝弟順德也故通於神明信於卦兆所謂官占惟先蔽志昆命于元龜是也彼五人者信卜而不信已誅人而不誅

神何俟啟籥見書而後知三龜之不從哉

按古之龜卜其應如響故有信若蓍蔡之說先王特設官以掌之重其儀以敬之周官龜人掌六龜之屬取之以秋攻之以春灼之之法上春灼後左夏灼前左秋灼前右冬灼後右又卜師掌開龜之四兆曰方兆功兆義兆弓兆皆所以使民信鬼神定猶豫決嫌疑也唐虞禪讓而枚卜周武征誅亦必夢協於卜聖王定大事莫不以此後如晉卜驪姬秦卜韓原陳敬仲卜光遠有耀衛孔圉卜元亨建侯皆言出效彰不殊面命後世惟魏管輅晉郭璞爲得其授占驗最精自是以往其風漸衰至以此爲世之餘技置而

不用豈古聖人制龜卜之初意哉尤可異者豎儒不察誤以龜爲神物平時豢養敬奉遇有疑事則迎而卜之然稽之經傳詩曰爰契我龜仲尼曰龜之智能七十二鑽無遺策則皆取刳腸之骨占之占後櫝藏等於貝玉朝聘大祭列之金璧之前故莊子云楚有神龜王巾笥藏之不如生而曳尾泥塗也禮記臧氏有守龜曰蔡文仲三年而爲一兆武仲三年而爲二兆是必鑿契而後用豈生而禱之之謂哉且物之靈固不如人之靈也春秋賢士大夫如季札以樂卜趙孟以詩卜襄仲歸父以言卜子游子夏以威儀卜沈尹戌以政卜孔成子以禮卜應輙不爽一皆幾之先

見者也石祁子不狥人言而反得兆蓋有不忍忘乎其親之心即爲鬼神所許是以君子吉凶悔吝惟卜之於己而已其於趨避何有焉

漢書高后欲立諸呂昆弟爲王問右丞相陵陵曰高帝刑白馬盟非劉氏而王天下共擊之今王呂氏非約太后不悅問左丞相平太尉勃對曰高帝定天下王子弟今太后稱制王諸呂無所不可太后喜罷朝陵讓平勃曰始與高帝啑血盟諸君不在邪今太后欲王呂氏諸君縱欲阿意何面目見高帝於地下平勃曰當今面折廷爭臣不如君全社稷定劉氏後君亦不如臣陵無以應

錄曰翦桐之信與啑血之盟何以異乎叔虞手足之親分封者制也故周公不妨於成之諸呂邪昵之私欲王者悖也故王陵當有以正之此人臣之義必以陵爲法乎勃之言幾於長惡容悅倘後此不能鋤去果何以見高帝於地下乎其得成者幸耳

文帝竇后兄長君弟廣國字少君年四五歲時家貧爲人所畧賣傳十餘家至宜陽爲其主入山作炭暮臥岸下岸崩壓死臥者百餘人少君獨得脫從其家之長安自卜數日當爲侯時皇后新立家在觀津姓竇氏廣國去時雖少識其縣名及姓又嘗與其姊采桑墮用爲符信上書自陳帝召見問之具言其故果

是復問其所識曰姊去我西時與我決傳舍中匄沐沐我已飯我乃去於是竇后持之而泣賜第長安絳侯灌將軍等曰吾屬不死命且懸此兩人此兩人所出微不可不爲擇師傅又復效呂氏大事也於是乃選長者之有節行者與居二人由此爲退讓君子不敢以富貴驕人

錄曰愚觀漢世大學不明舍天子之元子衆子不教而獨教此二人可謂不知類也已彼絳灌者何所而不爲巳謀哉始也懼禍之及終也畏命之亡況此兩人所出古今罕聞一旦得志惕慴若此何況寖寖奕世之權寵邪莽所由來之患非一朝夕之故矣

宋史王安石執政王安禮上疏曰人事失於下則變象見於上陛下有仁民愛物之心而澤不下究意者左右大臣不均不直乘權射利者用力殫於溝瘠取利究於園夫足以干陰陽而召星變願察親近之行杜邪枉之門至於祈禳小數恐不足以應天變神宗覽疏嘉歎諭曰王珪欲使卿條具朕謂不應即格人言以自壅障今以一指蔽目雖泰華在前不之見與近習蔽其君何以異此卿當益自信

神宗又語宰輔曰富弼有章疏來章惇曰弼所言何事曰言朕左右多小人惇曰可令分析孰爲小人帝曰弼三朝老臣豈可令分析左丞王安禮曰弼之言是也罷朝惇責安禮曰左丞對

上之言失矣安禮曰吾輩今日目誠如上諭明日曰聖學非臣
所及安得不謂之小人惇無以對
錄曰自古乖戾之臣或能欺於其君而不能欺於其家能欺
於天下而不能欺於同氣苟其兄曰天變不足畏人言不足
恤而其弟曰人事失於下則變象見於上其君旣曰一指蔽
目雖太華不之見其大臣又曰左右近習多小人壅蔽其主
帝豈不曉然明白然而卒不能移此理殆不可解豈天意使
然哉不然以老臣待弼非惟無以副之而以弟訟兄反謂益
當自信縱使迷惑何至顚倒若是邪
按安禮不阿其兄而內盡正色之規外著直言之節洵爲

處兄弟之變者法矣安石執行新法初意本欲彊兵以伐夏勝遼而彊兵必先足用是以青苗免役方田保馬雜然並興其與神宗深謀密議注心全在乎此但掊尅民財雖文以周禮周官亦不爲正人所許則所引爲助者無非惠卿鄧綰李定之儔一惟諂媚希意自圖榮進卒之害民誤國并喪其名以貽譏千載豈其學術固然乃坐學而執拗以致强解傅會窒於時事耳其言曰祁寒暑雨民猶怨咨私家取債亦須一鷄半豚即竭天下以奉乘輿亦不爲過而取士廢春秋之經邏卒察輿人之謗甚至小民斷腕避丁上天示災示儆謂不足怪寧讀書有道者固如是邪且

其折趙抃有云君輩坐不讀書殊不知聖賢學術首以得民爲本知人爲要茍於民之休戚人之邪正瞀然罔覺而徒偏執一見任情使氣忌人異己詎足以善天下事哉安禮爲惠卿珪惇百方譏沮而身名兩全令聞至今高出乃兄之上由其先有遠佞人之明故其後無禍逮子之悔可知讀古之士務在洞察人情曉暢時務聞善必當從有過勿憚改正不必高自位置援賢聖而居之不疑也

元豐八年河南程顥伯淳卒文彥博題其墓曰明道先生其弟頤序之曰周公沒聖人之道不行孟軻死聖人之學不傳道不行百世無善治學不傳千載無眞儒無善治士猶得以明夫善

治之道以淑諸人以傳諸後無眞儒則貿貿焉莫知所之人欲肆而天理滅矣先生生於千四百年之後得不傳之學於遺經以興起斯文爲己任辨異端闢邪說使聖人之道煥然復明於世蓋自孟子以後一人而已然學者於道不知所向則孰知斯人之爲功不知所至則孰知斯名之稱情也哉

錄曰行實之所狀陟降進退作止語默人不間於其父母昆弟之言也明道之所序聖賢傳統師友淵源所不槩於其因心之論也然則潞公能題之顧不能序之何與二夫子之在當時媲美同德譬則圭璋瑚璉肆無貳價而玉人異其品題世將反不信矣回視安禮之誄安石可同日語哉

按誌銘行實古禮無之檀弓云銘明旌也以死者爲不可别已故以其旗識之是古之銘即今明旌而今之銘是倣几盤鐘鼎之體爲之鑱諸甎石以納壙中者也又云孔子之喪公西赤爲志用三代禮子張之喪公明儀爲志用殷禮則推死者之志以制殯殮喪葬之度數非文誌也古但有誄如魯哀之誄尼父展禽妻誄其夫誄累也累舉平生實行而定其謚此即行實所由起者乎然禮曾子問賤不誄貴幼不誄長諸侯相誄非也葢易名之典錫之自上無同儕私謚之例云爾又禮喪大記天子下棺六繂四碑諸侯四繂二碑大夫碑繂各二士二繂無碑碑以木鑿孔樹

之槨旁貫轆轤以下棺於穴碑者悲也自夫子題季札碑曰嗚呼有吳延陵季子之墓題殷太師碑曰殷比干墓而後又做岣嶁之體以表功德故齊王儉曰石誌不出禮經起於宋顔延之以王彌素族無有銘誄爲作墓誌遂相祖習然魏繆襲唐盧承慶碑誌第記姓名官號日月及祖父姻婭不爲虛文猶存古之遺意而碑誌寔自此始矣至華表之設仿於蜀妃擔土武都山叠石以表墓門東漢中山王傳神道註中所謂墓前開道建石柱以爲梁者是也及唐秦叔寶陪葬昭陵太宗詔斵石爲人馬立之墓前以旌戰功此又石人馬之始然丹陽郡志載梁簡文莊陵有石

獸高丈餘金牛山齊梁諸陵皆有大石麒麟辟邪夾道則其從來亦遠豈傳所稱始於秦時翁仲者邪夫中古之制衣足蔽形棺足周身附於身者猶且不崇虛飾何况墓前之物即曰沒世無稱君子所疾然人苟有可傳縱無碑誌世自稱之倘本不足稱而必求達官貴人之著作冀附名以不朽賓大於主言浮其實徒增識者嗤笑而已晉謝安墓空碑無文謂其功德甚大難以名言韓退之文名滿天下而人譏其諛墓蔡中郎碑文惟郭有道一人不愧綜而觀之則何必務求粉飾以致交譏爲此有損無益之舉哉若姚元之司空圖預成壽藏白江州陶彭澤自爲誌傳實

敘生平不爲夸大則庶幾得之矣

王庠弟序累世同居號義門父夢易嘗攝興州改四川茶運置茶鋪免役民刺史恨其不出已以他事中之鐫秩罷歸而卒母向氏欽肅皇后姑也哀毀憤切庠謂序曰父以直道見擠母撫柩誓言期我兄弟成立贈復父官方許歸葬相與勉之遂閉戶窮經史蚤歲上宰相書持中立不倚之論呂陶蘇轍皆器重之又以經說寄蘇軾曰二帝三王之時士志於道德惟其自得之難故守之至堅自孔孟作六經斯道有一定之論士之所養反不如古乃知後世見六經之易忽之而不行也軾復曰誠哉是言元祐中呂陶薦之應制科遂論時政得失謂中外壅蔽將生

寇戎之患下第竟歸大觀中行舍法復以庠應詔辭曰昔以母中年求侍養今母老乃奉詔登本心乎廼以序升朝贈父官始克葬至母卒終喪復舉八行大司成考定天下第一詔旌其門太后嘗欲官庠輙以遜序後庠卒孝宗謚曰賢節

録曰甚矣晩節之難也以庠之篤信好學不輕仕進悅親信友不干榮祿或議其暮年隱操少衰士可不慎乎哉或又曰庠廼貴戚之巨擘始之淬厲徧交名賢願以顯親之名卒之浮沉無所建立遂以成已之志其居第之華壽恩命之輝煌蓋亦不得已非可以偉元之行仲車之節責之也

按六經之語皆古聖賢得之心行之身而告諸人欲人身

行而心得者也必萃其精力竭其神思探之深而求之篤
日積月漸嚮徃弗衰乃能有益若止視爲口耳之資雖勤
勤誦說究於吾身何關哉夫漢唐之時書籍難得偶有善
本轉相謄鈔校讐慎重專攻熟習必通貫而後他及自後
唐長興三年刊板印行後周繼之書遂徧布天下石倉之
家不止插籤三萬軸汗牛三十乘而已竹簡易爲楮紙卷
帙變而摺釘愈簡愈多而經術之士遠不如昔豈非得之
甚易故習見而忽之邪庠之經說眞世儒之針砭也

理宗幼名與莒弟與芮潛龍時日者嘗言二子極貴人未之信
時史彌遠在相位久皇子竑惡之丞相念欲有所置會沂靖王

宮無後欲借是陰以爲備有相府館客余天錫性謹愿不預外事至是告歸鄉試彌遠謂之曰今沂王無後宗子賢厚者幸具以來天錫渡江抵越之西門會大雨門左有全保長因過避雨保長具鷄黍甚肅須臾引二子侍立天錫異而問之全曰此吾外孫也天錫憶丞相所屬且其班行良是以告彌遠遂命二子來保長喜鬻田治衣冠集姻黨送行天錫引見彌遠善相大奇之計恐事泄不便遽使復歸保長大懟踰年彌遠忽謂天錫曰二子可復來乎保長謝不遣彌遠密諭曰二子長最貴宜撫於家未幾召嗣沂王迄即帝位

錄曰愚觀余天錫鄭清之皆以學究而致位台鼎趙與莒與

芮本以齊民而升聞至尊是時八柄之重九五之貴止在呼吸掌握轉移進退之間朝廷不預聞也母后不預知也宋之天下至此徒寄空名於其上爾如此奸據安得不深信計安得不密權寵安得不尊而師相又安敢復制儲極又安敢復恃乎易有不密害成詩有耳屬于垣蓋言權也

按王者無私必天下視同一家其有以藩府舊人竟同開創佐命之臣而私之獨畀美官超登高爵非示人以公之意唐宋之君每每坐此即漢文賢主而從代來宋昌張武諸人首先封侯宿衛亦不能免恩加自近況不及漢文者哉唐時房玄齡奏稱秦府舊人未遷官者皆嗟怨太宗言

王者至公無私當擇賢才用之豈以新舊爲先後其言雖
如是而考諸當時王珪魏徵而外至公相者亦惟勲舊爲
多甚矣私之難克也理宗時余天錫以相門館客而躋膴
仕鄭淸之起家國子學錄以曾傳沂邸卒爲右相彌遠有
援立功稔知其惡而終身榮寵不衰此尤蔽愛於所私者
又在唐順宗穆宗宋㣲宗寧宗下矣然天錫行事不少槩
見獨淸之繼起爲相大反彌遠所爲召用正人廣開言路
不務權勢進退雍容亦可爲不阿不黨者由其出身文學
與他途倖躐者不同故也

弘道錄卷之二十四終

弘道錄卷之二十五

明刑部員外郎仁和邵經邦弘齋學
皇清詹事府少詹事四世孫遠平補案

朋友之信

皇王大紀舜年二十孝友著聞有友七人焉雄陶方回續牙伯陽東不訾秦不虛靈甫當是時口不設言手不指麾執玄德於心而化馳若神使苟無信雖口辯而戶說之不能化一人

錄曰七人皆不可考若以三墳五典人所不見而言所不知尚多矣錄之以存其名俾知友道之所自始也

大學傳曰與國人交止於信

錄曰文王之國所與交者何人乎有伯夷太公爲之表帥有太顛閎夭散宜生南宮适爲之左右有疏附先後奔走禦侮爲之服從苟根柢不立則一言一行無非僥倖苟且貪戾罔極之事而以服事殷亦虛文矣故不曰朋而曰國人蓋以三分天下有其二言也

論語子曰朋友信之

錄曰五常之信猶五行之土所賴以踐履篤實成始成終者苟爲不然則性與天道不過口耳之傳躬行君子未爲允蹈之學而或以爲異或以爲隱或以爲有知或以爲多學紛然起矣惟信也故無言如天無覩如地兩端不以爲竭四教不

以爲煩語而難顯默而難藏果而確而已矣厥後以萬世爲
土其崇德報功亦惟在是豈非聖志之所立乎
按朋友相於五常皆在所重而專以信屬之者亦謂形迹
本疎萍踪偶值非有誠意孚結不能獲其同心之益耳然
信之一端不第語言要約凡仁義禮智之施具有眞寔無
僞之致存乎其間道德之磨礲行誼之扶翼必皆盡心直
道以期相與有成始得全乎其信蓋君臣父子夫婦昆弟
本天經地義之不可移獨是朋友則以義合務使規之中
正祛其偏邪而歸於至善於彼君臣父子夫婦昆弟之間
無所不用其極故五倫必藉朋友而克盡亦猶五常必藉

信而始全也

又曰謹而信汎愛衆而親仁曰主忠信無友不如巳者

錄曰弟子之職未志於學者也若夫君子之學則皆大人之事矣然一則曰謹而信一則曰主忠信無相別者何也蓋學與時習悅與朋來皆人性分中事由初學以至入聖一也人惟不察乎此或於初學之士間以謹信爲務至大人之事便以信爲末節友爲虛名不知治國平天下之要道不外忠信以得之然則君子豈可不務此爲之本乎

曾子曰與朋友交而不信乎　子夏曰與朋友交言而有信

有子曰信近於義言可復也

錄曰古云信萬事之根柢也何獨惓惓於朋友哉盖父子天性兄弟懿親君臣義合夫婦形交皆有截然之定分心志不容以不同言行不容以不顧至若朋友東西南北之人一旦聚首無骨肉之親無天定之分其中之所底意之所向孰從而知之苟非信以爲本其勢未能如君臣之不可逃夫婦之不可反父子兄弟之不可離者衷之不恤握手何知言之不顧拍肩徒若將不免如谷風之所怨鬼蜮之所譏矣然其至要莫如約信而合其宜使不合於宜則固有所謂死黨者有所謂市交者有所謂尾生白公之行者三寸之在聖門守約莫如參篤信莫如商務本莫如若信道立矣有朋之樂亶其

如此學者其可忽諸

子使漆雕開仕對曰吾斯之未能信子說

錄曰古之學者爲己今之學者爲人爲己者欲得之於己吾斯之未能信也爲人者欲見知於人有民人焉有社稷焉何必讀書然後爲學也嗚呼知子羔之所謂賊則知夫子之所以悅矣

告樊須曰上好信則民莫敢不用情夫如是則四方之民襁負其子而至矣焉用稼

錄曰他人有心予忖度之聖人未嘗廢情也無情者不得盡其辭亦未嘗任情也然此豈須之所及哉雖然伊尹躬耕周

公明農跡也推其心則樂堯舜之道與兼三王之事是故匹夫匹婦有不被澤者若已推而納諸溝中何嘗不用情乎天無烈風迅雨海不揚波三年矣意者中國有聖人何嘗不好信乎吾儒所以配天享地不與區區細民同者正惟在此以是爲訓猶有陳良之徒盡棄其學而學並耕之說者

按夫子言上好信即大學所謂與國人交止於信也信非止期會發徵亦非專指信賞必罰凡一政一教必體之於身絜之於矩小大無二視貴賤無異施遠近無殊致上之德意無不究之於民民之欲惡無不通之於上情聯勢浹將天下如一家億兆如一人彼此共喻纖微不隔如臂之

使指響之應聲建瓴順風不疾而速居常而循禮教則率德歸化而無所於違遇變而用兵刑則畏威敵愾而所向悉服以貽孫子以保黎民萬年百世可以貞之好信之效如此豈一端一節之比哉

左傳文公問元帥於趙衰對曰郤縠可行年五十矣守學彌篤夫先王之法志德義之府也德義生民之本也能惇篤者不忘百姓公從之使趙衰爲卿辭曰欒枝貞愼先軫有謀胥臣多聞皆可以爲輔臣弗若也又使辭曰夫三德者偃之出也以德紀民其章大矣不可廢也使狐偃爲卿辭曰毛之智賢於臣其齒又長也不在位不敢聞命乃使狐毛將上軍狐偃佐之毛卒使

襃代之辭曰城濮之戰先且居之佐軍也善軍伐有賞善君有賞能其官有賞且居有三賞不可廢也公曰趙衰三讓其所讓皆社稷之衛也廢讓是廢德也

錄曰愚觀成子忠而有文豈不信哉夫以人事君曰忠三讓三獲曰文宰天下者當急務此也徒以其霸而廢其文遯攘取高位以饕異寵由今視之曾不若腐鼠其視襄偃等爲何如哉

按命官之際貴於克讓盖讓則公公則善無不知才無不舉而任賢使能各當其任矣讓則和和則同寅協恭相濟相成而修弊舉偏政無差謬矣况競相推遜賢知顯出優

劣卑分人自務爲修已崇實之行而文飾干譽馳騖奔競之徒無由得進久自衰息矣雖然趙衰之讓以其能信乎朋友也而衰子盾干董之蒐以中軍佐拔起爲帥偃然居之遂使陽處父殺續簡伯罪狐射姑奔一不讓而殃及寮友然則讓與不讓之間可以逆覩其效矣

季札使過徐徐君好札劍札固心知之爲使上國未獻還至徐徐君已死乃解劍繫其冢樹而去從者曰徐君已死尚誰與札曰始吾已心許之豈以死而倍吾心哉

錄曰徐君欲劍之意未露也札以心而知之即壽夢立札之意亦未露也札亦以心而知之其繫非劍也將以明已之信

也是故心不可倍則國之不可受斷然明矣
韓宣子有環其一在鄭商既成賈矣商人曰必告君大夫韓宣子請諸子產曰日起請夫環執政弗義弗敢復也今買諸商人商人曰必以聞敢以爲請子產對曰昔我先君桓公與商人皆出自周庸次比耦以艾殺此地斬之蓬蒿藜藿而共處之世有盟誓以相信也曰爾無我叛我無强賈毋或匄奪爾有利市寶賄我勿與知恃此質誓故能相保以至於今吾子以好來辱而謂敝邑强奪商人是教敝邑背盟誓也毋乃不可乎吾子得玉而失諸侯必不爲也韓子辭玉私覲於子產且以拜賜
錄曰此與國人交止於信也可以見古人雖一物之微一事

之細不肯背信負約而後世或以爲無害也孰知不旋踵而害亦隨之然則得玉而失諸侯在春秋時已然矣而能如韓子之不吝改過克保令名者果何人與

按季子之於徐君止謀一面且好劍未嘗明言也其人已歿誰與明信而季子猶不違之執政之於賈人不同氣類且狙獪變詐口不二價非所責於若輩也而恃此盟誓子產猶欲保之夫然則豈有其言已出其人尚存而久要弗踐者乎豈有同僚共業夙昔周旋而恐懼棄遺者乎類而充之則交道始全而信義可久矣

鄭人游于鄉校以論執政然明謂子產曰毀鄉校如何子產曰

夫人朝夕退而游焉以議執政之善否善者吾行之其所惡者吾改之是吾師也若之何毀之我聞忠善以損怨不聞作威以防怨豈不遽止然猶防川大決所犯傷人必多吾不克救也不如小決使道不如吾聞而藥之也然明曰今而後知吾子之信可事也蔑也實不才若果行此其鄭國實賴之

錄曰韓愈氏嘗作頌曰在周之興憲老乞言及其已衰謗者使監維是子產執政之式維其不遇化止一國蓋以惜之乎既往也又曰誠率是道相天下君交暢旁達施及無垠於乎四海所以不理有君無臣盖又惜之乎方來也然以君子之自處觀之危言危行者鄭人之遊於鄉校也危行言遜者周

王之德於衛巫也故當僑之時而論執政則可當厲之時而議監謗則不可不思其可不可而獨計其毀不毀則亦徒然而已

史記程嬰公孫杵臼者趙朔客也下宮之難杵臼謂嬰何不死嬰曰朔妻有遺腹若幸而男吾奉之即女吾徐死耳無何免而生男屠岸賈聞而索之朔妻置兒袴中祝曰趙宗滅乎若號即不滅若無聲及索兒竟無聲已脫嬰謂杵臼曰今一索不得後且復之奈何杵臼曰立孤與死孰難嬰曰死易立孤難杵臼曰趙氏先君遇子厚子强爲其難者吾爲其易者二人謀取他嬰兒負以文褓匿山中紿以告發師攻之杵臼曰程嬰旣不能死

與我謀匿孤今又賣之抱而呼請活之不許并殺杵臼然眞孤兒乃在嬰與俱匿後十五年景公病卜之曰大業之後不遂者爲祟公問韓厥厥知趙孤存乃曰大業之後絕祀者其趙氏乎具以實告乃召見之諸將入問疾景公因韓厥之衆以脅諸將而見趙孤兒厥曰昔者之難屠岸賈爲之微君之病羣臣固將請立趙後今君有命羣臣願之於是召趙武徧拜諸將攻岸賈滅其族復與趙氏田邑嬰乃辭武曰今子既立我將下報趙孟與公孫杵臼武號泣固請嬰不可曰彼以我爲能成事故先我死今我不下報之是以我事爲不成也遂自殺

錄曰愚觀程嬰杵臼之立信不愈於里克荀息之事君乎夫

信匪徒不愧其言之難而能始終允濟之難申生未甦之前荀息尊爲大臣里克親爲太傅非若二子之僅客也使二臣者黽勉同心圖維其所難分任其所易躬奉世子以出如嬰之存孤可也身親待命於朝如臼之自誣亦可也既不能然而以奚齊卓子更出迭入爲變易之計此正嬰之所謂難者其幾在於一索又何待於一再弒乎嗚呼呱呱者一孤也堂堂者君子也信其難則斷者復續信其易則生者反死觀於四子可見矣若乃下報之說可謂信及幽冥者與

按存孤之事僅見史記其殺朔之由既與傳異而傳稱朔子武從莊姬畜于公宮得免初無有所謂嬰與杵臼事也

史記紀事極其疎謬趙朔乃趙衰之孫晉文以女妻衰矣而謂朔妻成公姊則亦文女曾姊妹行而分配祖孫者乎且春秋魯成八年書晉殺其大夫趙同趙括時爲晉景公十七年而曰景三年是年卽從韓厥之請立武反田而曰後十五年事皆不合卽趙世家云屠岸賈爲司寇治靈公之賊攻趙氏于下宫其事固寔并云殺趙朔趙同趙括趙嬰齊則與經傳又異盖馬遷之時厥有國語而左傳未出遷未之見故周紀諸侯世家寂寥無幾大約據傳聞以錄之自宋神宗謂杵臼與嬰能存趙祀封侯立廟由是匿孤之事始大彰著然亦僅存疑案可也

左傳晉囚叔向樂王鮒曰吾爲子請叔向弗應出不拜其人皆咎叔向向曰必祁大夫室老聞之曰樂王鮒言於君無不行求赦吾子吾子不許祁大夫所不能也而曰必由之何也向曰樂王鮒從君者也何能行祁大夫外舉不棄讎內舉不失親其獨遺我乎於是祁奚老矣聞之乘馹而見宣子曰詩云惠我無疆子孫保之書云聖有謨訓明徵定保夫謀而鮮過惠訓不倦者叔向有焉社稷之固也猶將十世宥之以勸能者今壹不免其身以棄社稷不亦惑乎鯀殛而禹興管蔡爲戮周公右王若之何其以虎也而棄社稷宣子說與之乘以言諸公而免之不見叔向而歸叔向亦不告免焉而朝

錄曰愚觀叔向之事而嘆如登之難如崩之易也夫十世宥之者勸善之道也子孫保之者垂統之事也以羊舌氏之族一叔向文之而不足一叔虎敗之而有餘可畏不可恃明矣雖以祁奚之言暫逭一身之辱而狠子伯石旋殞其宗安在其十世宥之乎是以君子兢兢業業已雖有善亦不足恃而况淫慆之裔寵利之宗乎今觀二子之釁皆起於中冓之言史雖不明其波及苟欲善其宗者當以此爲殷鑒也

叔向適鄭鬷蔑惡欲觀之從收器者而往立於堂下一言而善叔向聞之曰必鬷明也下執其手以上曰昔賈大夫惡娶妻而美三年不言不笑御以如臯射雉獲之其妻始笑而言賈大夫

曰才之不可以已我不能射女遂不言不笑夫今子少不颺子若無言吾幾失子矣言之不可以已也如是遂如故知

錄曰愚觀古人之好善眞若不及而嘆今人之自棄而不務也孟子曰西子蒙不潔則人皆掩鼻而過之雖有惡人齋戒沐浴則可以事上帝貌之不足恃也尚矣且然明之欲見叔向何爲也哉爲其多聞也爲其賢也而竟以善觀見稱知人見取想其下堂之頃執手之間其樂爲何如哉周詩曰旣見君子錫我百朋所獲何啻一雉邪有妻如是亦足樂矣

楚伍參與蔡太師子朝友其子伍舉與聲子相善也伍舉娶於王子牟子牟爲申公而亡楚人曰伍舉寔送之舉奔鄭將遂奔

晉聲子將如晉遇于鄭郊班荆相與食而言復故聲子曰子行也吾必復子及宋向戌將平晉楚聲子通使于晉還如楚令尹子木問晉大夫與楚孰賢對曰晉卿不如楚其大夫皆卿材也如杞梓皮革自楚往也惟楚有材晉實用之子木曰夫獨無族姻乎對曰雖有而用楚材寔多今又有甚於此椒舉娶於申公申公亡謂舉寔遣之懼而奔鄭引領南望曰庶幾赦余亦弗圖也今在晉矣晉人將與之縣以比叔向彼若謀害楚國豈不爲患子木懼言諸王益其祿爵而復之聲子使椒鳴逆之

錄曰聲子之論楚材與李斯之諫逐客辭意正相同也夫我有材我當憐之我之不憐他人攘之其往事可懼也懲往事

所以戒將來乎建能復今日之伍舉而平不能愛他日之伍奢一旦子胥出奔闔閭謀楚吳人所用之才即歸生所諷之旨晉復轉而移之於他矣始知班荆道故雖友義之不廢而惜材愛物尤爲國之先圖庶幾怍面交心否之徒而實鑒聽讒近色之禍矣

伍員與申包胥友其亡也謂包胥曰我必覆楚國包胥曰子能覆之我必能興之及昭王在隨申包胥如秦乞師曰吳爲封豕長蛇以薦食上國虐始於楚寡君失守社稷越在草莽使下臣告急若鄰於君疆埸之患也逮吳之未定君其取分焉若楚之遂亡君之土也若以君靈撫之世以事君秦伯使辭焉曰寡人

聞命矣子姑就館將圖而告對曰寡君未獲所伏下臣何敢即安立依於庭墻而哭日夜不絕聲勺飲不入口七日秦哀公爲之賦無衣九頓首而坐秦師乃出

錄曰愚觀昔人之立志一何銳今人之操心一何憊也夫一亡一興若彼其不侔也爾亡之我必興之曷如不亡乎自今觀之無極之譖不可回矣伍奢之死不可挽矣舉族喪亡懿親爲戮孝子慈孫之心何其廹切哉使包胥而處此同此心則亦同此覆也及乎郢已入矣仇已反矣楚之宗祏不可改也王之草莽不可常也忠臣義士之心又何其篤至哉使子胥而處此同此心則亦同此興也此其信誓之昭昭建立之

表表存諸中者先定籌之事者巳熟矣乃若含糊雷同因人成事此碌碌庸人所爲而謂子胥申包爲之與

按傳稱吳入郢時以班處宮謂以班次尊卑分處王與大夫之宮室而公穀不察誤以宮爲室且誤以室爲妻遂有妻楚王母撻平王墓之文後世野史復鋪張而揚厲之邪說甚矣觀吳王子子山處令尹之宮夫槩王以王弟奔其宮居之楚鬬辛聞之曰不讓則不和而吳師必亂謂其爭班次以奪宮室爲將亂也至楚王不知有母與否然當奔隨時急取其妹季芊與畀我以出未有舍母而獨取其妹者若大夫之孥室以奔則左氏云藍尹亹涉其孥不與王

舟國語亦有見藍尹亹載其孥之語而謂楚昭竟棄其母必非人情且以伍員之忠孝大節古今所共知也而好事者謂其撻墓不已甚至鞭屍則是啟封加笞刑及枯骨于古無此異事豈非荒誕不經之尤者乎

史記蘇武李陵俱爲侍中相友善陵後降匈奴武被拘留不屈徙北海廩食不繼至掘野鼠食之臥起操持節旄盡落單于與之約曰羝乳迺得歸陵感此約誓乃置酒謂曰人生如朝露何自苦如此謝曰武父子無功德位列將帥封侯常願肝腦塗地今得自効誠甘樂之請勿復言遂相與樂飲數日又曰自分已死王必欲降請畢今日之懽効死於前陵感其誠信喟然嘆曰

嗟乎陵與衛律之罪上通於天因泣下沾襟與武訣去

錄曰愚觀李陵蘇武其始不相遠也其終一爲名臣一爲降將爲名臣則圖形麟臺爲降將則甘心草莽然則今之樂孰愈於後之樂乎故節操者天地之大閑富貴者人生之朝露爾雖然陵自取也馬遷之傳寧不愧於心乎遷之薄忠義有由然矣嗚呼羝可乳也腐不可生也不還之痛而武之說陵尚得爲有人心者哉

漢書山陽范式巨卿少遊太學與汝南張劭元伯爲友並告歸巨卿謂元伯曰後二年當還將過拜尊親見孺子焉乃共尅期日及期元伯具以白母請設饌候之母曰二年之別千里結言

何相信之審邪對曰巨卿信士必不乖違至日果到升堂拜飲盡歡而別後巨卿仕郡爲功曹元伯忽遘疾卒巨卿夢見元伯曰吾以某日死當以某日葬子未我忘豈能相及哉巨卿恍然覺寤馳往赴之未及到而喪已發既至壙將窆柩不肯進其母撫之曰元伯豈有望邪遂停柩移時乃見素車白馬號哭而來其母曰是必山陽范君也既至叩喪言曰行矣元伯死生路異永從此辭因執紼而引柩於是乃前

錄曰元伯歿之所感其在巨卿存之所期乎夫存歿有二道誠神無二理是故視之弗見聽之弗聞誠也體物不遺神也惟誠故神惟神故應巫祝且然凡鬼之効靈神之如響皆吾

一氣之精英一身之榮衛振攝運動乎其間彼此相感有不期然而然者向使巨卿千里之約一旦乖違則元伯窈冥之中必相睽隔范母雞黍之設不如所期則臨窆撫棺之言亦復何望易中孚曰初九虞吉其金鄉汝南之謂乎

按元伯之夢自是誠信所感然有曰至人無夢何以文王九齡之錫見之禮經有曰夢生於因故無夢乘車入鼠穴者何以大槐宮事見之陳翰之記有曰夢生於想何以魯叔孫見牛於未至之前曹人知公強名於未生之際乎然古來夢最有徵如康叔立元漢文得通漢武夢木人被甲宋元夢江使闕門歷皆有驗見之書傳不可勝數要之神

之所通則夢靈神所不至則夢散魏周宣爲曹丕占芻狗以非夢嘗試三占悉應宣云此神靈動君使言與眞夢無異卽此理推之而凡爲夢者皆可以是爲徵矣

南陽朱暉父岑少與光武俱學長安有舊及爲帝求問岑已卒乃召暉拜臨淮太守暉好節槩拔用厲行士時人爲之歌曰彊直自遂南陽朱季吏畏其威民懷其惠同縣張堪本先達嘗於太學見暉甚重之接以友道把暉臂曰欲以妻子相托暉舉手未敢對自後不復相見堪卒暉聞其妻子貧甚自往候視厚賑贍之暉子頡問曰大人不與堪友平生未嘗相聞竊怪之暉曰堪嘗有知己之言吾已信於心也又同郡陳揖早卒有遺腹子

友暉因交善哀之桓虞爲南陽太守召暉子駢爲吏暉辭駢而薦友虞嘆息從之其信義若此

錄曰自光武嚴光奮乎上而山陽汝南與於下岑與暉亦聞風而起者也過此則絕交之論作矣君子可以觀世變哉

按暉於章帝時徵爲尚書僕射極論均輸之非雖被切責不肯順旨事遂寢洵乎不愧强直之稱矣至其接友之信則當時有二朱焉雲陽令朱勃十二歲時伏波見之爽然自失驚嘆以爲不如及身貴頓忘前言屢加卑侮而勃顧念舊知益用自親寄迨薏苡謗興遺骸藁葬舉朝莫敢訟寃而勃獨詣闕上書卒感帝意夫以名位相較則縣令與

僕射誠屬懸絕然其氣誼實自相同故在東京時信義卓

然鬱爲一代風俗固二朱爲之倡也

蔡邕作正交論以廣朱穆之志其畧曰正人無淫朋其義敦以正其誓信以固逮夫周德始衰谷風棄予之怨作其所由來政之缺也自此以降彌以陵替或闕其始終或强其比周疾淺薄而携貳者有之惡朋黨而絕交者有之是以君子慎人所以交巳審巳所以交人故原其所以來則知其所以去見其所以始則覩其所以終彼貞士者貧賤不待夫富貴富貴不驕乎貧賤故可貴也盖朋友之道有義則合無義則離善則久要不忘乎生之言惡則忠告而善道之故君子不爲可棄之行不患人之

達已也信有可歸之德不病人之遠已也不幸或然則躬自厚而薄責於人遠其怨矣昔子夏性寬故夫子告以拒人子張性褊故訓之以容衆至於仲尼之正教則汎愛衆而親仁穀梁子曰心志不通名譽不聞友之罪也今將患其流而塞其源固未若擇其正而黜其邪信其善而屏其惡也

錄曰朱公叔絕交之論以矯時之偷薄不得已而有言也蔡邕嘆卓之言以感人之遇已得已而亦言之乎然則黜邪屏惡之義其將忘之邪故又曰刺薄者博而洽斷交者貞而孤孤有羔羊之節與其不獲已走將從夫孤斯言益以信然至云原其來而知其去所謂以勢交者勢散則去以財交者財

盡而疎也見其始而覩其終所謂愛博而情不專輕諾則必
寡信也慎之於是反而推之久交之道思過半矣
魏書遼東公翟黑子有寵於太武奉使并州受布千疋事覺謀
於著作郎高允曰主上問我當以實告爲當諱之允曰公帷幄
寵臣有罪首實庶或見原不可重爲欺罔中書侍郎崔鑒公孫
質曰若首實罪不可測不如諱之黑子怨允曰君奈何誘人就
死地入見不以實對帝怒殺之帝使允授太子經及司徒崔浩
撰史事被收允將與同罪太子謂允曰入見至尊吾自導卿脫
有問但依吾語太子見帝言允小心慎密且微賤制由崔浩請
赦其死帝問允曰國書皆浩所爲乎曰臣與浩共爲之太子曰

天威嚴重允小臣迷亂失次耳臣曏問皆云浩所爲帝問允信如所言乎曰臣罪當滅族不敢虛妄殿下哀臣欲丐其生耳實不問臣臣亦無此言帝顧謂左右曰直哉此人臨死不易辭信也爲臣不欺君忠也遂赦之他日太子讓允允曰臣與崔浩實同史事死生榮辱義無獨殊違心苟免非臣本願及退謂人曰我不奉東宮指導者恐負翟黑子故也

錄曰高伯恭之不負翟黑子信也而不知信以近義爲尚因以可依爲宗翟之黷貨辜恩背義辱命戮之宜也罪之魁也是故首實死不首亦死何乃不能括囊而間寸於崔鑒公孫質邪浩之私欲没公愛憎蔽直人之禍也天之刑也是故刑

布死不刊亦死又何不能見幾而祇巽於閔湛郗標邪盖允
雅好佛道而不以吾儒爲依歸未免所信或非其正設有不
幸景穆之請不行太武之暴不息徒見其殄瘁而已故宗欽
曰允也其聖余曰允也其愚

按春秋定哀多微辭其大者不得不著此外瑣屑宜權重
輕盖爲尊者諱理固當然故易世之後必亟亟於勝國之
史廣羅文獻冀以得其實也允既與浩同被脩史之命自
應稍存國體沈約撰宋書多暴揚前失齊主語曰吾昔經
事明帝卿可思諱惡之義允既不聞此論而又於刊石之
際從無一言格沮彼浩能因允言而悟日月薄蝕五星行

度之非獨不能從允以拒湛標之請邪況云浩但總裁若其著作多出臣手則何不於太武之前昌言史記善惡爲將來勸戒浩所書事寔本史官大體不足爲罪極力論救脫不見聽甘與同死則雖失之於始猶或可追於終乃僅於他日私布之太子之前於心能無有憾乎允不負翟黑子則信矣倘云不負崔浩則未敢輕許也

唐書吳兢張說同領史職監修則天實錄兢直書魏元忠爲相面奏先帝以來蒙被恩渥今承乏宰相不能盡忠使小人在側臣之罪也太后不悅諸張深怨之乃譖元忠云后老矣不若奉太子爲久長計太后怒下之獄將廷辨之昌宗密引鳳閣舍人

張說賂以美官使證元忠說許之比參對往復不決昌宗曰張說聞元忠言召說將入宋璟謂曰名義至重鬼神難欺不可黨邪陷正若獲罪流竄其榮多矣或事有不測璟當叩閤力爭與子同死左史劉知幾曰無汙青史爲子孫累遂入太后問之說未對昌宗從旁迫趣說曰陛下視之在廷猶如是況在外乎臣實不聞有是言但昌宗逼臣使誣證之爾他日更引對如前元忠得不死至是修史見之說陰祈改竄數字兢終不許曰若徇公請則此史不爲直筆何以取信於後

錄曰愚觀古人立信至以數字相浼尚堅意不從矧非禮之請託乎是故君子之處世必期無愧於心無愧於心而後無

求於人說既生負宋璟之慚死兼姚崇之累其仰有愧俯有怍者多矣縱能祈一兢之陰改其能逃萬世之陽責乎嗚呼由前而言則爲勢由後而言則爲利勢與利其能確然不惑者鮮矣豈獨一說乎哉

按文人筆墨最爲寶惜一字之出往往有生死不易富貴不移者韓熙載爲嚴可求作碑銘不肯更竄一言悉還其貲韓持國爲富鄭公作墓誌其弟以上怒不測爲諫竟不爲止况職在史官尤宜直筆自非他文可比昌黎言紀事過直雖無人禍必有天殃郴州駁辨之甚晰豈可以此易慮邪故既任史事自不得畏首尾而持兩端晦庵宋臣而

綱目大書匡亂自立而還爲不沒其實若兢不許張說與

孫盛不屈桓溫比烈矣

李華篤信元德秀蕭穎士劉迅之爲人作三賢論曰德秀當以道紀天下迅當以六經諧人心穎士當以中古易今世德秀欲齊愚知迅感一物不得其正穎士呼吸折節而獲重祿不易一刻之安使德秀據師保之位瞻形容乃見其仁迅被卿佐服居賓友謀治亂根源參乎元精乃見其妙穎士若百鍊之鋼使當廢興去就一生一死間乃見其節德秀以王者作樂崇德天人之極致而辭章不稱是無樂也於是作破陣樂辭以訂商周迅世史官進禮易書詩春秋爲古五說條貫源流備古今之變穎

士罪子長不編年而爲列傳後世因之非典訓也然各有病元病酒劉病賞物蕭病貶惡太亟獎能太重若取其節皆可爲人師世謂篤論

錄曰愚觀古人尚友之道至人各爲品後世則靡曼而已夫以朋友之道上彌參贊中理經綸下兼述作非區區藝能辭章而已以紫芝之獨行直欲大道之行天下爲公挹其氣象三代以前人物也茂挺之勁節外夷猶欲師之矧中國乎提卿之家學皇王之道盡矣况後世乎華之篤信良有以也

按大賢而下不無氣質之偏故交友者貴識其是與不是而效法之鑒戒之夫子所謂思齊内省是也華既眞知三

子之賢而篤信之又能去其所蔽具此識力當無人不爲我針砭矣然三人雖各有病而穎士貶惡太亟最爲害已夫子戒疾不仁之已甚孟子待小人不惡而嚴若處之過亟彼自知不爲公議所容則憸險傾巧何所顧恤凡可以肆擊噬者將無所不用其至矣東漢李膺王允唐之崔胤悉坐此病仁者惡人原存忠厚之心冀其同歸於善至事關家國尤宜宛轉慎重以期有濟豈可輕用一往之氣以激成莫解之禍也哉

宋史劉安世與司馬光同年友善登第後辭歸洛光問之對曰吾斯之未能信光悅因與從遊一日避席問盡心行己之要可

以終身行之者光曰其誠乎又問行之何先曰自不妄語始自是拳拳弗失終身行之後調洛州司法參軍司戶以貪聞運使吳守禮將按之問安世安世云無之守禮爲止然心不自安曰司戶實貪而吾不以誠對其違司馬公教乎後讀楊雄法言君子避礙則通諸理意乃釋家居未嘗有惰容久坐身不傾倚作字不草書不好聲色貨利皆則象司馬光既老羣賢凋喪猶巋然獨存而名望益重梁師成服其賢使小吏吳默持書來啖以大用默因勸爲子孫計安世笑曰吾若爲子孫計不至是矣吾欲爲元祐全人見司馬光於地下還其書不答

錄曰元城之從溫公可謂屢躓屢蹈矣而卒不能變至死猶

欲見之地下何也無妄六二曰不耕穫不菑畬則利有攸往苟非一誠相爲始終確然不易未有不爲利祿所動權勢所移者厥後李光以師禮安世舉所聞於温公者曰學當自無妄中入正此意也人豈有不自信而能信於人者哉不信於人而能信於地下者哉故曰不誠無物可謂深於聖門之訓得全部中庸之旨者矣

按不妄語非謂無知輕言不合乎理亦非教之直陳已見爲絞爲訐也孔子對昭公爲知禮不爲黨楚人以子證父攘不爲直要使歸乎理之至當則自得其心之所安子雲之言可謂善其通者矣蓋天下是非固有一定卽親知灼

見而或事涉夫荒唐迹鄰乎矯枉暴之適以長亂傳之足以惑人甚至好直忘身正對辱國不思當可之義罔知曲達之權則言雖不妄而所喪寔多其於求誠之功豈有當乎故必博之前言往事以極其變參之人情物理以致其精毋易言毋盡言則庶乎於理無礙而誠之不難矣然其功豈可强制之哉

陳襄自少與其鄉之士陳烈周希孟鄭穆爲友皆氣古行高磨礱鐫切相期以天下之重時學者方溺於雕篆之文所謂知天盡性之說一切指爲迂闊四人者相與以斯道鳴於海隅聞者始皆笑之竟不爲變自躬行於家以達之州閭人卒信之於是

父兄皆飭其子弟請從之游閩中士人宗之號四先生雖有誕突盜傲不可率者不敢失禮於其門

錄曰是時關學未開四先生以其躬行實踐倡率鄉人始也至難終也大化迺天啟斯文之運四海不約而同者也

謝良佐切己篤信見二程受學一日明道謂之曰諸君在此相從只是學其言語故心口不相應曷若躬措諸行後與伊川別一年往見之問其所進對曰但去得一矜字伊川曰何故曰子細點檢得來病痛全在這裏若按伏得這箇罪過方有向進處胡文定問矜字罪過何故恁地大謝曰今人做事只要誇耀別人耳目渾不關自家受用事伊川喜曰是子力學可謂切問近

思者矣又曰萬事眞實有命人力計較不得吾平生未嘗干人在書局亦不謁執政或勸之余曰他安能陶鑄我自有命在若信不及風吹草動便生恐懼憂喜枉却工夫氣力信得命便養得氣不挫折

錄曰矜之罪過何以見其大乎禹大聖也曰汝惟不矜天下莫與汝爭能汝惟不伐天下莫與汝爭功顏大賢也曰願無伐善無施勞人惟自淺也故以片言自足以寸長自詡惟自肆也故不知自已不足祇見自已有餘此學者大病終不可與入道者也今觀上蔡之學所謂高明剛正人所難及者正在此學者可不省哉可不勉哉

按夫子罕言命而自述則曰五十而知天命又曰不知命無以爲君子蓋人惟不知命則馳騖妄營貪多務得機巧變詐四出交馳甚者挾其私智以爲天生我才必有用覬覦非常輒援盡人合天之說求逞巳志其去君子固遠矣而亦有自安於命者百凡諉諸定數見善不爲獎勸莫動橫命字於胸中而虛度歲月宴然爲天地間一蠹亦何得謂之知命哉蓋命本於天天命於人有善無惡有正無邪善者必當力行以全所賦予而不善之端自宜峻絕不使加乎其身弗爲威屈弗爲利誘乘時而篤兼善天下不過完此陰騭下民懿德同好之心即或不幸而艱苦備嘗致

身授命亦無害爲正命而死是則所謂知命者耳故知命之正而信之確則天理常在目前正氣日然剛大何有恐懼憂喜之端懾於外而搖其中以致挫折者哉若良佐之知命斯無愧於君子矣卽其晚與朱震論學謂一部論語只師晁見一章可該大義豈非以一步趨間皆有自然之候非可躐等而施之意與

朱光庭初受學於胡安定告以爲學之本在主忠信遂終身行之後師二程衆方驚異光庭獨信不疑篤學矢志不渝金石行可質於神明在邦在家臨民臨事造次動靜一由至誠蹇蹇王臣之節凛凛循吏之風熙寧元祐靖國間事變屢更其時固有

名盖天下致位廟堂得行所學者然跡其行事猶有憾焉如公挾者可謂拳拳服膺而弗失者矣

劉絢自髫齔時師事二程明道嘗謂人曰他人之學敏則有矣未易保也斯人之志吾無疑焉伊川亦曰遊吾門者衆矣而信之篤得之多行之果守之固若子者幾希盖所受有本末所知造淵微孜孜焉不知其他也天性樂善而不爲異端所惑故其履也安內日加重而無交戰之病故其行也果與李籲志向如一伊川嘗稱二子可大受及相繼早世追悼之曰自子兄弟倡明道學能使學者視傚而信從二子有力焉

呂大鈞爲人質厚剛正以聖門事業爲已任所知信而力可及

則身遂行之不復疑矣故識者方之季路從張載學能守其師說而踐履之尤喜講明井田兵制謂治道必自此始悉次爲圖籍令可見用雖皆本於載而能自信力行載每嘆爲不可及伊川又云和叔及相見則不復有疑既相別則不能無疑然亦未知果能終不疑否不知他既已不疑而終亦復有疑否也明道遂云何不問他疑甚又云和叔至誠相信心直故篤信也

錄曰自孔門教人之後至是學者方知聖人之道而心嚮往之苟非篤信力行即所謂口耳之學無益於身心安保其不遷變尚能終身行之乎此在道學之門至爲切要而孔曾商若惓惓於論語者復得見矣

按三子皆從學二程其所得並可見之行事而和叔井田兵制次爲圖籍令可見用眞致治之本也蓋治天下不外兵農禮樂禮樂百年後興兵農富强首務然三代以後兵制惟唐府兵立法最善其井田必與學校表裏今井田不可復矣而厚民生之術必在勸農桑以開其源崇儉朴以節其流輕賦役而並飭輕佃戶之租凡私租所入約止倍公家之賦俾業田者半以奉公半以自給則田多者無大利而佃戶得贏民相趨於力作田可漸均矣其惰農及游食者別其衣冠以示恥辱亦可激之使勤本也夫古來道德之士身率妻子芸鉏隴上布蔬自甘剪韭供客人皆敬

而傳之乃世人見帶經而鋤以爲駭緼袍以爲羞賓無酒肴以爲吝非惟人相恥笑亦且不肯自安薄俗如此蓄積其何有乎要在封疆大吏暨鄉先達以身爲倡凡吉凶之禮衣服賓宴各循品節而又嚴諭胥史僕隸責其首先奉行則小民庶幾知好惡之正自不敢僭踰耳學校久廢弛矣而厚民生以正民德者必在重撫字以移其俗勵廉隅以維其風慎選舉而務選德行之士凡學使所收兼采鄉黨之譽俾充弟子員者考其文章參之品詣則行修者獲升聞而備材待用野不致有遺賢人胥鼓舞矣其冥頑而奔競者寧無觀感以冀弋獲亦可化而爲馴良也夫古來

循卓之吏號稱慈父或曰神君優禮賢才周知情僞相習猶一家者乃今耑事催科以爲最苞苴以爲豐刑名督責以爲能非惟己心所安亦且無暇他及吏治如是古道其能復乎要擇封疆大臣與各方面以尊維卑凡幅幀以內承流宣化精白乃心而於賓興大典不避嫌怨以爲之防則膠庠庶幾知登俊之公自講求寔學耳此法果行將見力田多而惰農少士風厚而民俗敦四方無虞兵可簡汰而僅留精壯華縟不事商因抑末而漸返本淳久安長治之道豈外是哉

尹焞字彥明從遊伊川之門嘗應舉發策有誅元祐黨人議焞

歎曰是尚可以干祿乎不對而出劉豫僭位以禮聘之焞懼其汚巳自商州奔蜀止于涪涪故伊川讀易地也因闢三畏齋以居大闡伊川之教侍讀范仲舉以自代詔使至涪辭不獲乃爲文告於伊川祠而去行至九江聞司諫陳公輔復疏攻程氏學焞止不進上奏曰竊見臣僚言程頤之學惑亂天下臣實師頤自信甚篤使濫列經筵舍其所學則是上欺君父不敢奉詔張浚復表其拒僞命之節所學有大過人令守臣敦趣津送至國門復以疾辭高宗曰尹焞可謂恬退矣

錄曰中庸云不信乎朋友不獲乎上不悅乎親不信乎朋友和靖有母知祿養不如善養之賢則和靖益知徇君不若守

道之貴矣是衆賢之薦以其學有根本母氏之悦以其窮不失正也一信友間而獲上悦親皆應之斯理豈誣也哉

按焞於靖康初种師道薦其德行可備勸講召至京不欲留賜號和靖處士歸紹興四年以范仲薦充崇政殿說書會資善堂翊善朱震疾亟舉以自代除太常卿疏斥秦檜和議之非且移書責檜以激其怒十一年始聽致仕生平不著一書止持守伊川之說雖險阻得喪膠轕萬變日陳乎前而篤信謹守生死不移豈得以奉母命看金光明經與同衆迎觀音一節謂其惑哉

楊萬里初見張浚勉以正心誠意之學乃名讀書之室曰誠齋

淳熙十二年地震上書曰臣聞言有事於無事之時不害其爲忠言無事於有事之時其爲姦也大矣天下之事有本根有枝葉臣前所陳枝葉而已所謂本根則人主不可以自用人主自用則人臣不任責自古之弊大率如此聖學高明願益思其所謂本原者遷東宮侍讀會孝宗欲行三年喪創議事堂命皇太子參決庶務萬里上疏力諫高宗未葬翰林學士洪邁不俟集議配饗獨以呂頤浩等姓名上萬里力言張浚當預且謂邁無異指鹿爲馬孝宗不悅曰萬里視朕爲何如主出知筠州韓侂胄用事欲網羅四方名士嘗築南園屬爲之記辭曰官可棄記不可作侂胄僭權益甚至憂憤成疾家人知其故凡時政皆不

以告忽族子自外至遽言用兵啟釁事萬里慟哭失聲亟呼紙書姦臣無上動兵殘民吾頭顱如許報國無路惟有孤憤筆落而逝光宗嘗爲書誠齋二字學者稱誠齋先生

錄曰張忠獻之於誠齋猶范文正之於橫渠也古人成就後學每每如此向使揭之於齋而不能信之於已將不徒然乎今觀應詔所陳懇懇乎凡事豫則立不豫則廢之旨監國之疏切切乎天無二日民無二王之言至於抗論留張栻連章表朱熹雖蒙禍且不避焉侂胄之兇已頤浩之負國雖至死尚甘心焉豈非斃而後已者乎誠齋之名端不負矣

按南渡之不復振非獨秦檜之罪張浚不能無責焉當苗

劉誅後高宗銳意恢復浚以陝蜀爲急是也然金兵屯聚
江淮而行在駐蹕遞居建康臨安之間以事勢論自宜急
淮而緩蜀况有劉子羽吳玠在西川不足憂也即欲從關
陝入則當嚴師江上虛張聲勢以牽制之而别遣名將精
兵如劉岳輩度散關畧河南使彼首尾不支自當棄去計
不出此而合五路兵于富平令金得撤淮兵以赴援一戰
喪師河洛震動自此金之攻蜀日益急而東西無犄角之
勢矣至於淮安之師王德酈瓊已有詔書受岳飛節制而
飛又面奏方畧欲從京洛入潼關號召五路叛將以攻汴
京此勝算也高宗已許不從中制矣而浚輒更酈瓊之軍

命王德爲都統使呂祉叅之飛策其必敗也又虓然疑其欲得兵柄竟不信從卒之酈瓊畔呂祉死而淮上之軍勢於是益弱矣孝宗受禪雖有卧薪嘗膽之志而其時非紹興之時也一則和盟久定武備懈弛二則宿將畧盡帷幄無人而浚志鋭才疎徒委大事於顯忠宏淵輩及符離一敗而天下事愈不可爲矣浚雖終身阻抑和議然使和議不成浚能必兩京之可恢復乎至於殺曲端引秦檜排李綱趙鼎量褊識闇其於正心誠意之學何有哉浚子敬夫爲世大儒故史臣傳浚多所溢美至比之諸葛武侯烏足爲信史哉

何基篤信好學父伯熭爲臨川縣丞時黄榦適知縣事伯熭見其子而師事焉榦告以必有真實心地刻苦工夫而後可基悚惕受命於是隨事誘掖得聞淵源之懿微辭奧義研精覃思平心易氣以俟其通未嘗參以己意立異以爲高徇人而少變凡所讀必加標點義顯意明有不待論說而自見者嘗謂爲學立志貴堅規模貴大克踐服行死而後已讀詩須掃蕩胸次然後吟哦上下諷詠從容使人感發方爲有功讀易當盡去其膠固支離之見以潔淨之心玩精微之理沉潛涵泳得其根源乃可漸觀爻象其確守師訓精義造約如此及王栢爲弟子高明勁識弘論英辯質問疑難或一事至十往返基終不變以待其定

嘗曰治經當謹守精玩不必多起疑論有欲爲後學言者謹之又謹可也屢辟召不起卒年八十一謚文定

錄曰孔子曰篤信好學釋之者曰不篤信則不能好學然篤信而不好學則所信或非其正此何王二先生之傳所以不失其本也嗚呼西河之旨親得大聖之宗者也而其徒駸駸失之矧經僞學之厲禁乎哉此其所以謹之又謹十往返不變以待其定也

按古人立言各有原委童而習之白首不知其要領者多矣若徒參以己意預有成見橫積胸中縱使亹亹可悅人目未免牽强扭合言愈暢而旨愈晦本愈失要皆立異之

過也夫世之好立異者一則務反古以鳴高一則務趨時以眩俗學者厭常喜新一聞是論以爲得未曾有轉相傳説遂爲不刊之典九原可作能不反唇相稽一遇識者畧經駁辨必至嗒然喪其所懷茫無以應究何益哉夫子修魯史闕其所疑朱子章句大學易簀之際猶改定誠意章序次聖賢用心不苟如此觀子恭文集三十卷中間與會之問難者十八卷彼恃其弘論英辨而來徐以平心易氣解之始終不變其説卒能致其中心信向所謂隨事誘掖者以此

王栢大父師愈官崇政殿説書父瀚官朝奉郎俱得伊洛之學

栢少慕諸葛亮爲人號長嘯年踰三十始知家學之源惕然嘆曰長嘯非聖門持敬之道更名魯齋聞同邑何基得朱熹之傳往從之授以立志居敬之旨中心信向質寔堅苦有疑必從基質之栢之言曰伏羲則河圖以畫八卦文王推八卦以合河圖者先天後天之宗祖也河圖是逐位奇偶之交後天是統體奇偶之交惟四生數不動以四成數而下上之上偶下奇莫匪自然又曰大禹得洛書而列九疇箕子得九疇而傳洪範範圍之數不期暗合洪範者經傳之宗祖乎初一曰五行以下六十五字爲洪範五皇極以下六十四字爲皇極經此帝王相傳之大訓非箕子之言也又曰今詩三百五篇豈盡定於夫子之手所

刪詩容或有存漢儒取以補亡乃定二南各十有一篇退何彼穠矣甘棠歸之王風削去野有死麕黜鄭衛淫奔之詩又作春秋發揮又曰大學致知格物章未嘗亡還知止章於聽訟之上謂中庸古有二篇誠明可爲綱不可爲目定中庸誠明各十一章其卓識獨見多此類卒謚文憲

錄曰會之反身循理可謂學也確矣而卒以高明卓識稱者豈非愚必明柔必强乎其著書特多問辨特富非無所本也是以學者貴於知要知要則能守約守約則足以該博矣雖然長嘯亦主靜徒也不主靜則不能致遠而研精理性與立志居敬一而二也夫

金履祥自幼信向濂洛之學事同郡王栢從登何基之堂嘗問爲學之方栢告以莫先立志志立乎事物之表敬行乎事物之內此爲學之大方也時宋事已不可爲遂絕意進取平居獨處終日儼然所謂居敬以持其志立志以定其本者信乎自在至與物接則盎然和懌訓廸後學諄切無倦嘗謂司馬光作資治通鑑劉恕爲外紀不本於經而信百家之說是非謬於聖人不足傳信自堯以前不經夫子所定固野而難質春秋非玉帛之使則魯史不書聖人筆削無得而加也乃用邵子皇極經世曆胡氏皇王大紀例損益折衷一以尚書爲主下及詩禮春秋旁採舊史諸子表年繫事斷自唐堯以下接於通鑑之前勒爲一

書名曰通鑑前編凡所引輒加訓釋以裁其義多先儒所未發既成授門人許謙曰二帝三王之盛其徽言懿行宜後王所當法戰國申商之術其苛法亂政亦後王所當戒則是編不可以不作也當時議者以爲基之清介純實似尹和靖栢之高明剛正似謝上蔡履祥親得之二氏而並充於已者也卒謚文安

錄曰仁山之論道原其愚之論小司馬乎太史公明言尚書獨載堯以來而百家言黃帝其文不雅馴薦紳先生難言之貞奈何復補之乎由是天皇地皇人皇女媧燧人盤古諸氏紛紜不一皆貞之作俑也至胡五峯雙峯號爲儒者復舛錯謬戾何怪秦博士梁武帝乎若少微家塾並載盤古等六氏

於前伏羲等八氏於後總一十四氏不知孰爲三皇孰爲五
帝今當一切削去以前編爲定可爾
許謙受業金履祥之門履祥語之曰士之爲學若五味之在和
醯醬既加則酸鹹頓異子來見我已三日而猶夫人也豈吾之
學無以感發子邪謙聞之惕然居數年盡得其所傳之奥於書
無不讀有不可通則不敢强或有未安亦不苟同也嘗謂學者
曰學以聖人爲準的然必得聖人之心而後可學聖人之事其
讀詩有名物鈔八卷正其音釋考其度數以補先儒之未備仍
存其逸義旁采遠援而以己意終之其觀史有治忽幾微倣史
家年經國緯之法起太皞氏迄宋元祐元年秋九月司馬光卒

蓋以爲光卒則宋治不可復興誠理亂之幾也又有自省編書之所爲夜必書之其不可書者則不爲也已而開門講學遠自幽冀齊魯近而荆揚吳越皆不憚來受其教人也至誠諄悉内外殫盡獨以身任正學之重一時學者以其身之安否爲斯道之隆替云卒謚文懿

錄曰學貴精進惟信之篤則進之勇若今日不學云有來日今年不學云有來年優游怠忽我身已老則雖讀萬卷書而猶然故我儒者中亦何貴有若人哉其不可書則不爲即白雲精進所在事理當前必審處而得其正可知日以繼日如山之登積中而形著明動自不能已矣學者推原統緒以爲

考亭世適有以也夫

按歷朝書史僅列儒林至宋始有道學之目蓋通天地人曰儒備五常曰道儒以人言道以理言觀禮儒行所稱戴仁抱義篤行不倦見死不更其守故魯國千乘儒止一人儒名豈易副哉第後世命儒冒濫致以儒相詬病遂爲有華少實之通稱而有宋眞儒輩出關閩濂洛愈傳而道愈弘其踐履亦愈篤實誠不愧道學二字故名由此起非眞儒之外別有所謂道學也夫道學至朱章明而勉齋得統考亭何王金許以次相承推衍緒說微言奥義毫髮無遺其所產並在浙東婺州之地吾浙人文區藪聰明特拔之

士累葉多有宜乎親近熏炙爲力較易乃數百年來未聞
有眞正道學之儒志紹往開來之責者此其故何也大約
呫嗶之徒多銳意用世專攻制舉業期於僥倖一得而止
其中致君澤民理亂輔治經緯萬端尚未及識其大畧寧
有躬行心得之學者乎其自以爲高者則思留名身後於
是馳騁上下縱橫古今著作脫手盈笥累篋如漢之博唐
之大究之不過誇多鬬靡無關身心性命之原其於正學
奚裨乎至於自命道學者間不乏人蓋其天資本高立志
甚廣辨論足以推倒人豪名望足以傾動方國如楊袁舒
沈接踵明州以㝠悟爲宗風以前言爲糟粕雖與何王金

許先後並峙然其言愈高其旨愈晦人且將以道學爲詬病矣夫學必踐履而實道不郄物以求試思欲修一巳之身寧外五倫之道欲盡人倫之道寧外五常之理使於君臣父子夫婦昆弟朋友之間五常或缺其一則倫有未盡五倫偶有一之未盡則身豈得言修有志之士必心契道統之淵源力窮聖學之旨要由隱微而至言動自家庭而逹國與天下務居敬以窮理明善以復性不好異不欲速銖累寸積日盛月新以至豁然貫通明體達用雖遺大投艱亦左右逢源滔滔乎取諸其懷而優裕是爲易簡而天下之理得豈非爲學之極軌哉數君子之學不事表暴而

闇然日章傳之至今精神弗昧今其成書具在吾黨距世不遠所居又近自必有拔流俗之見奮起而昌明之以維將墜之緒固斯道之大幸而前人所亟望者也

道錄卷之二十五終